知識ゼロからの

新NISA活用術

ファイナンシャル・プランナー
経営コンサルタント
前田信弘

A Beginner's Guide to
Utilize New NISA

幻冬舎

はじめに

新ＮＩＳＡを活用しよう！

これからは、資産運用が必要な時代といわれています。給与・年金支給額・退職金の減少や物価の上昇など、私たちを取り巻く環境は大きく変化し、自分で自分の資産を形成していくことが求められるようになっています。また、近年、銀行の預金金利は低く、預金だけではお金を増やすことが難しい時代となっています。だからこそ、いま、資産運用が注目されているのです。

そして、資産運用をする際にぜひ活用したい制度として、ＮＩＳＡ《ニーサ》があります。ＮＩＳＡは、「ＮＩＳＡ口座（非課税口座）」内で、毎年一定金額の範囲内で購入した金融商品から得られる利益が非課税になる制度です。

このＮＩＳＡが、２０２４年以降、抜本的な拡充と恒久化が図られ、新しいＮＩＳＡ制度となっています。これによって、長く安心して利用することができる制度になり、より長期的な視点で資産を運用することができるようになりました。また、投資できる上限金額も大幅に引き上げられ、新ＮＩＳＡはよりパワーアップした制度になったといえます。

これから資産運用をはじめる人も、すでに資産運用をはじめている人も、新ＮＩＳＡの制度を活用していくとよいでしょう。

くわしくは第１章で解説しますが、新ＮＩＳＡの概要は次のページの表のようになっています。

本書は、２０２４年からスタートする新ＮＩＳＡ制度について、しくみや対象となる金融商品、そして新ＮＩＳＡを活用した資産運用について解説していきます。資産運用については、新ＮＩＳＡの対象商品である株式と投資信託を中心に取り上げていきます。

第1章では、いままでの制度と新しい制度との違い、新ＮＩＳＡのしくみや対象金融商品、つみたて投資枠と成長投資枠などについて説明していきます。

第2章では、資産運用の基本、リスクとリターン、分散投資や長期運用などについて解説していきます。

第3章では、投資の代表ともいえる株式投資について解説していきます。株式のしくみ、株式投資のメリットとデメリット、銘柄の選びかた、株式の購入・売却方法などについて見ていきます。

第4章では、初心者向けといわれる投資信託について解説していきます。投資信託のしくみ、投資信託のメリット、リスクとコスト、投資信託の種類と選びかたなどについて見ていきます。

第5章では、ＮＩＳＡのはじめかた・口座開設、つみたて投資枠と成長投資枠の具体的な活用法について解説していきます。あわせて、タイプ別のＮＩＳＡ活用法について紹介していきます。

本書がみなさまの資産運用・資産形成の一助となれば幸いです。

前田信弘

新ＮＩＳＡ制度の概要（2024年1月～）

<table>
<tr><th></th><th>つみたて投資枠</th><th>（併用可）成長投資枠</th></tr>
<tr><td>年間投資枠</td><td>120万円</td><td>240万円</td></tr>
<tr><td>非課税保有期間</td><td>無期限化</td><td>無期限化</td></tr>
<tr><td rowspan="2">非課税保有限度額
（生涯非課税枠）</td><td colspan="2">1,800万円</td></tr>
<tr><td></td><td>1,200万円
（成長投資枠の限度額〈内数〉）</td></tr>
<tr><td>口座開設期間</td><td>恒久化</td><td>恒久化</td></tr>
<tr><td>投資対象商品</td><td>積立・分散投資に適した
一定の投資信託</td><td>上場株式、投資信託等</td></tr>
<tr><td>購入方法</td><td>積み立て</td><td>一括購入／積み立て</td></tr>
<tr><td>対象年齢</td><td>18歳以上</td><td>18歳以上</td></tr>
</table>

本書の使いかた

本書では、これから資産運用をはじめる人はもちろん、すでに資産運用をはじめている人にもわかりやすいように、NISAと資産運用について、マンガと本文、図解を用いながら解説していきます。

まずはマンガで
各章のテーマをチェック

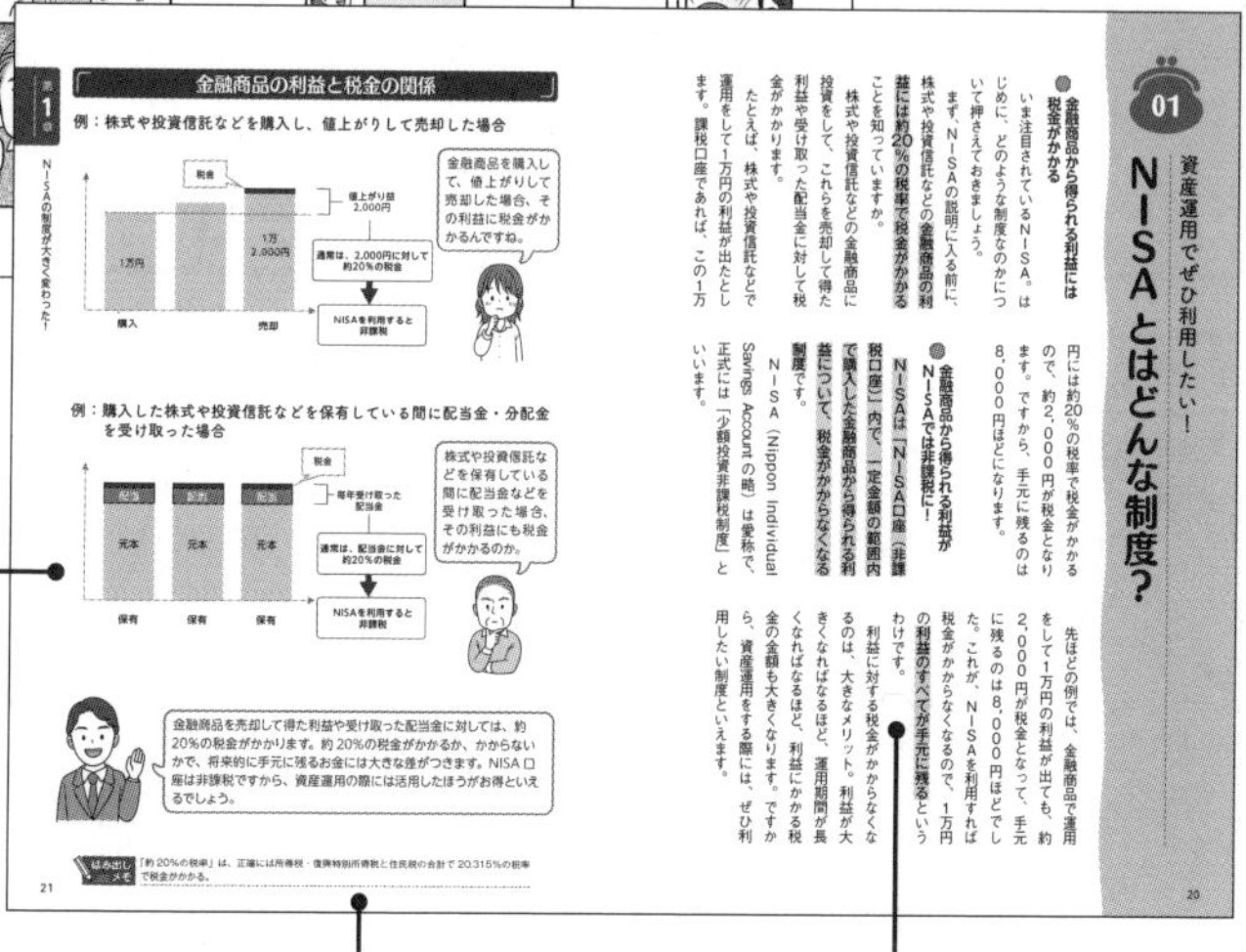

本文の内容を
図解で解説

登場する用語の解説や、
知っておきたい情報を解説

本文でしっかり理解

そうそう 仕事は大変 だけど結構楽しいよ
でもうちの会社 給料低いのかな? って感じで…
新奈
会社員
貯金もあんまりできて いないし なんか このままでいいのかなー って思ってるんだよね
不安…
そうよねえ この先心配よねえ
前にお姉ちゃんが つみたてNISAやってる って言ってたじゃん
会社の先輩も はじめたんだって!
紹介してもらった マネーセミナーに 行ってみようと思ってて
ここからはじめる
資産運用
前田先生
新奈の母
へえ セミナー? いいんじゃない 行ってきたら
新奈の父
セミナー!? 怪しいやつじゃ ないのか?
お父さんが怪しい セミナーじゃないのか って心配してるわよ
大丈夫だってー 講師の先生もたくさん 本出しているみたいだし
あはは
…そんなに不安なら お父さんも一緒に 行ってきたら?
えっ
ほら 老後のお金に ついて考えないと なあ…ってよく ぼやいてるじゃない

じゃあお父さんも一緒に行く?来週の土曜日で…
おいおい、オレはまだ行くとは…
翌週の土曜日
前田先生 ここからはじめる資産運用
やっぱり興味持ってるんだよ 会社の先輩も夫婦で投資やってるみたいだし…
意外と若い人もいるな
あっ はじまるよ!
みなさんこんにちは 講師の前田です よろしくお願いします
今回のお話は『ここからはじめる資産運用』ということで…
質問があったら、話の途中でも気軽に手を挙げてくださいね
さっそくですが、この中で少しでも資産運用をはじめているという方はどれくらいいらっしゃいますか?
けっこういるね…

ありがとうございます
老後2,000万円問題と
言われて久しいですし
今後の生活を考えて
資産運用をはじめるかたも
増えているんですよね
金利のイメージ
実際 銀行の金利も低い状態が
続いていて 将来受け取れる
年金も減っていくといわれています
ゴホ
ゴホ
加えて老後の生活は
何が起こるか
わかりません
MILK
OIL
米
〇×商事
物価もいまと全然違う
可能性がありますし
数年後どのようになっているかは
だれにもわからないのです
じゃあ私のときは
お父さんよりも年金
もらえないかも
ってこと!?
えーっ
昔は年金だけで
暮らしていけると
いわれていたのにな
ですから ゆとりのある
老後生活を送るためにも
老後のリスクを
軽減するためにも
資産運用が
必要なんです
先生 質問が
あります
はい、
何でしょう?
あれ 近所の根井
さんじゃないか?
ほんとだ!
すでに資産運用を
はじめているんですが…

ありがとうございました〜
ご参加ありがとうございました参考になりましたか？
あっありがとうございました！お話わかりやすかったです！
資産運用はじめようと思うんですけど何からはじめようかなーって
もうはじめる気なのか！
お父さんだってちょっと興味持ってたでしょ
でもなぁリスクの高いことは…
たしかにハイリスクなものもありますが
そうした金融商品ばかりではありませんよ
資産運用を行うときに魅力的な制度として「NISA」があります
あっ聞いたことあります！うちの姉がやってて
そうでしたか実は制度がパワーアップしたんですよ
パワーアップ!?
えっ気になる！先生教えてください！
何!?

私たちを取り巻く環境は大きく変化している

どうして資産運用が必要なの？

資産運用はお金自身に働いてもらうこと

これからは資産運用が必要といわれますが、どうしてでしょう？

それは、預金金利の低迷、給与・年金支給額・退職金の減少、物価の上昇など、私たちを取り巻く環境が変化していることに関係しています。

日本はいま「超低金利時代」といわれるほど銀行の預金金利が低くなっており、**「貯蓄」だけではお金を増やしていくことは難しくなっています**。そこで、貯蓄（預貯金）だけではなく、資産運用が注目されているのです。資産運用とは、貯蓄や投資などによって、効率的にお金（資

預金金利の推移

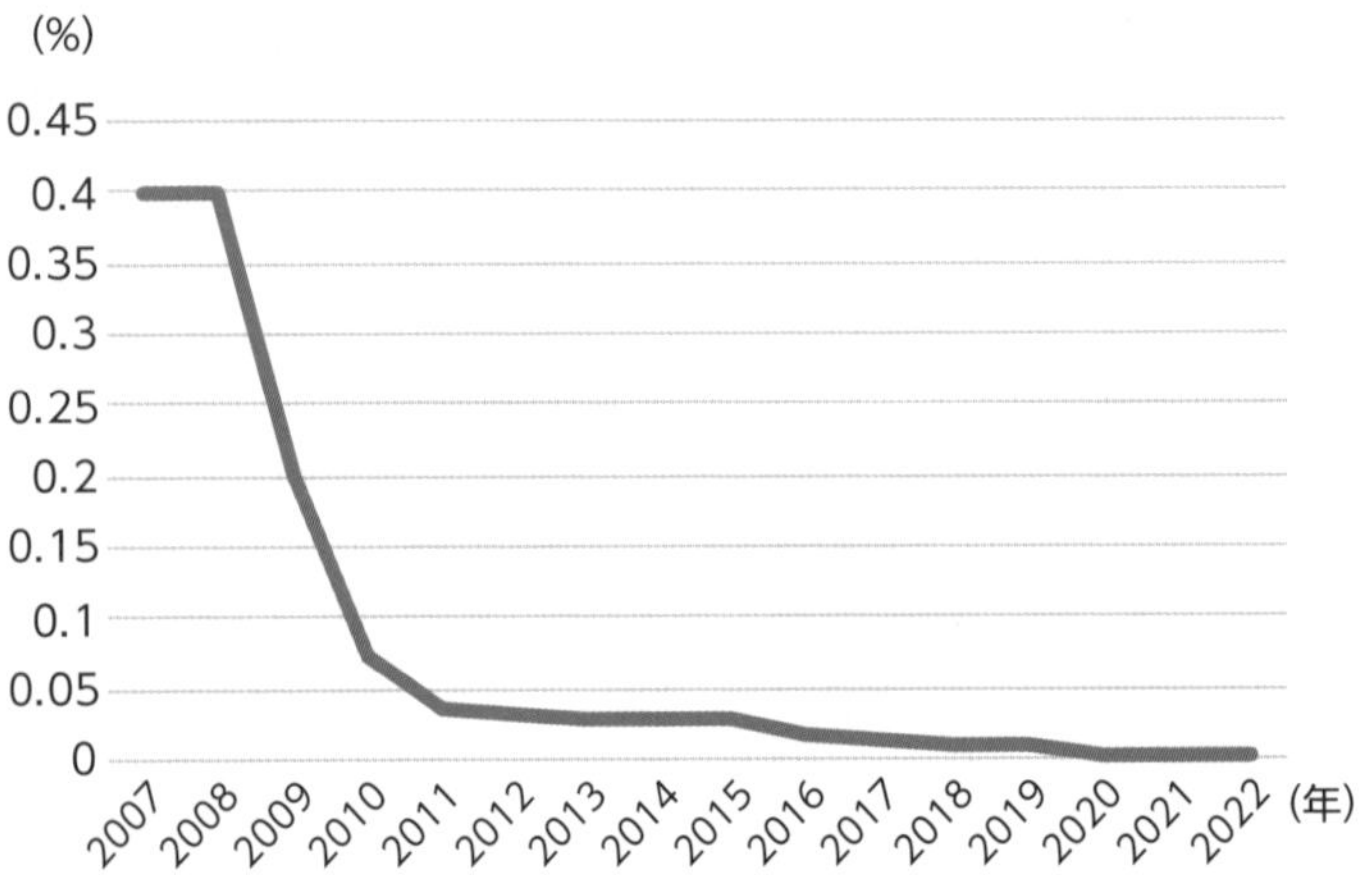

出典：日本銀行　主要時系列統計データ表　預金種類別店頭表示金利の平均年利率等（定期預金／預入金額 1千万円以上／1年）をもとに作成。

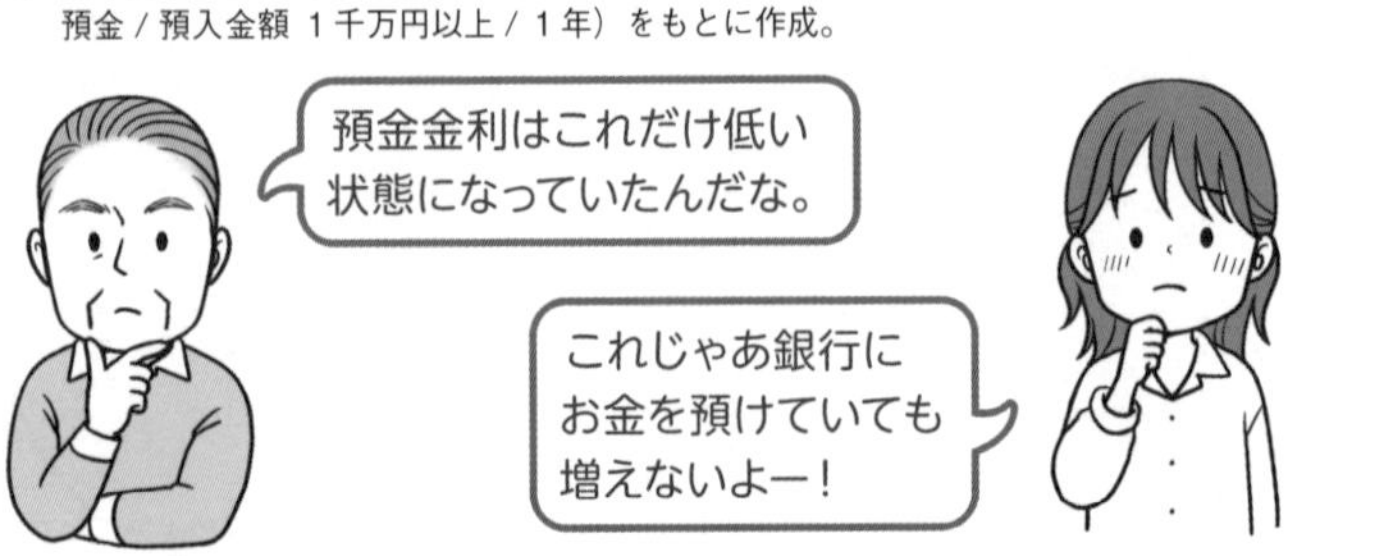

産）を増やしていくことです。別の言い方をすると、**お金自身に働いてもらい、お金（資産）を増やしてもらう**ことといえるでしょう。

インフレのリスクを資産運用でカバー！

長い間、デフレ状態が続いていましたが、今後はインフレを考慮して、物価上昇に備える必要があります。お金を現金のまま持ち続けた場合、インフレが進行すると、金額が同じでもその**実質的な価値は目減りします**。将来、インフレが長期にわたると、貨幣価値が大きく下落することになります。

だからこそ、お金を眠らせておくのではなく、それを元手にしてお金を増やし、リスクをカバーする**資産運用が求められる**のです。

インフレになると……

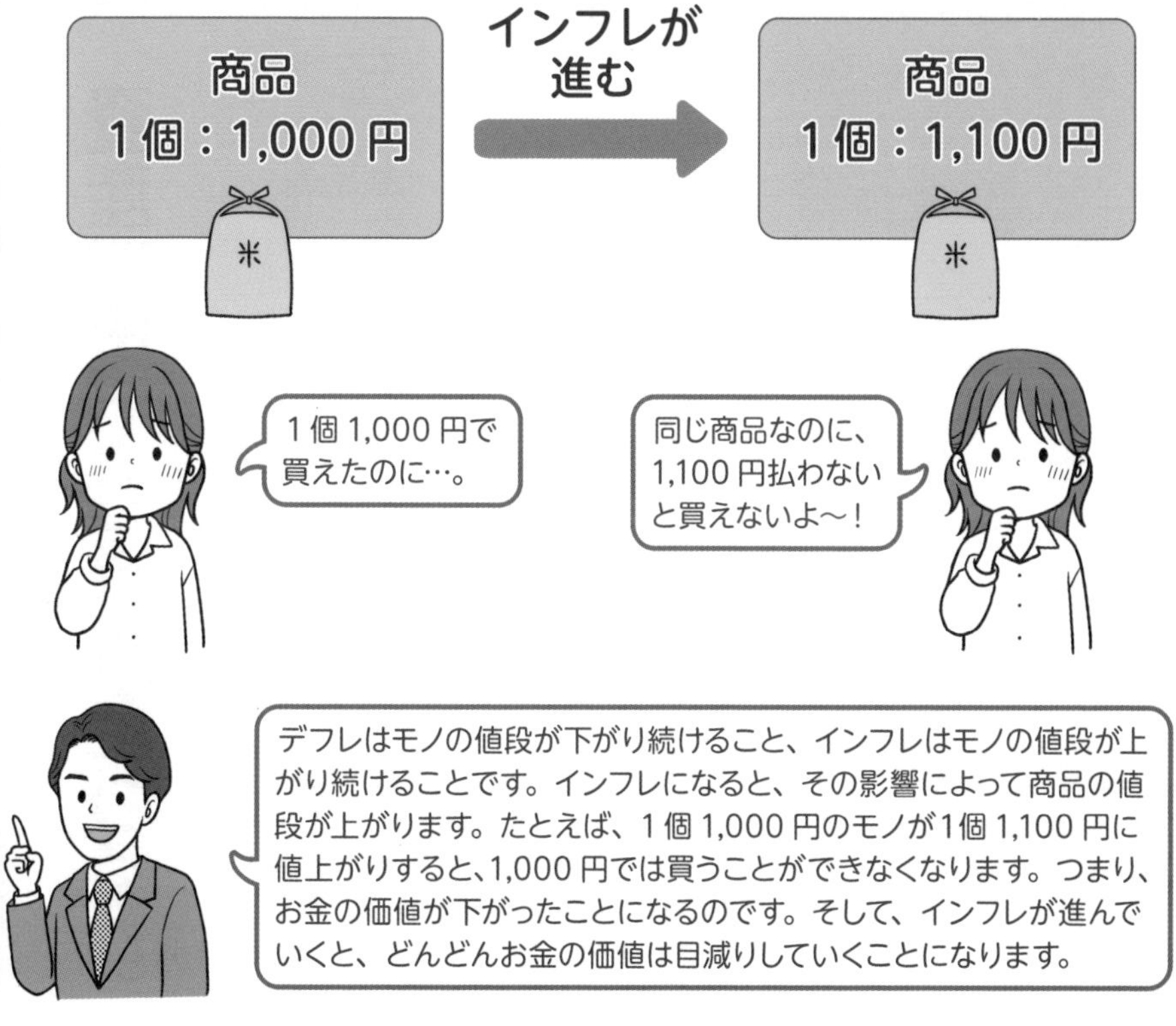

人生100年時代　資産運用で老後資金づくり

高まる老後資金の必要性

老後の資金は公的年金や退職金で……と考える人も多いかと思いますが、一般的に公的年金支給額や退職金の受け取り額は減少傾向にあります。日本人の平均寿命は長くなり、少子高齢化が進んで現役世代が減少し、公的年金は先細りとなっていきます。このまま少子化が解消されないと、年金額は目減りしていくことが予想され、**老後資金の必要性はますます高まっていきます**。

また、平均寿命が長くなったことに伴い、退職後のセカンドライフの期間も長くなりました。長生きする

高齢者世帯の家計収支

●65歳以上の夫婦のみの無職世帯の家計の収支 -2022年-

出典：家計調査年報（家計収支編）2022年「65歳以上の夫婦のみの無職世帯（夫婦高齢者無職世帯）の家計収支」（総務省）をもとに作成。

10～15万円

経済的にゆとりのある老後生活を送るための費用
＋
最低日常生活費

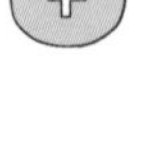

経済的にゆとりのある老後生活を送るための費用として、老後の最低日常生活費以外に必要と考えられている金額の平均は、月額で14.8万円となっている。金額の分布を見ると、「10～15万円未満」が31.4％と最も多い（出典：生命保険文化センター「2022〈令和4〉年度 生活保障に関する調査」）。

ということは、必要なお金も増えるということです。安心して、豊かなセカンドライフを楽しんでいくためには、公的年金だけでなく、しっかりとした資産形成が必要です。

資産運用でリスクを軽減

　これまで見てきたように、いまは低金利時代で、預貯金だけではお金が増えません。長い老後の生活を年金だけに頼るのも難しい状況です。長生きがお金の面ではリスクとなってしまう状況では、**資産運用によってお金を増やすことがリスクを軽減する方法**の１つといえるでしょう。

　資産運用を行う際に魅力的な制度として、ＮＩＳＡ《ニーサ》があります。ＮＩＳＡは２０２４年１月から新しい制度になっています。新ＮＩＳＡで資産運用をはじめましょう。

「　貯蓄2,000万円を毎年120万円ずつ取り崩した場合　」

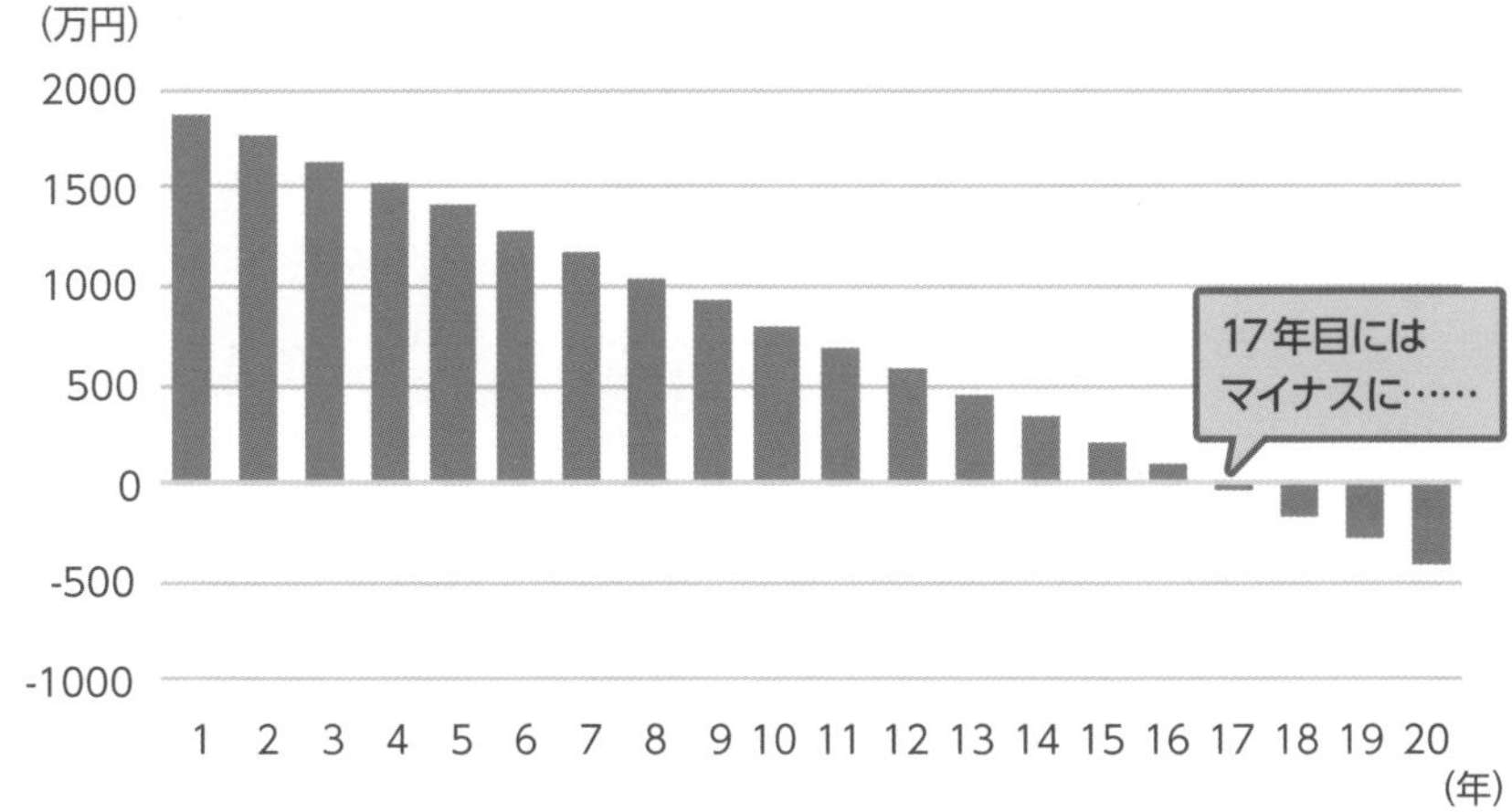

経済的にゆとりのある老後生活を送るための費用として、2,000万円の貯蓄を運用することなく単純に毎年120万円ずつ取り崩していった場合、十数年後にはマイナスになってしまいます。これを運用によって増やすことができれば、マイナスとなる時期を先延ばしにすることが可能です。

もくじ

金融庁　NISAキャラクター
つみたてワニーサ

第2章 資産運用の基本の「き」

第3章 投資の代表「株式投資」

第4章 初心者にオススメ！「投資信託」

00証券

第1章

NISAの制度が大きく変わった！

資産運用をはじめるならぜひ利用したいのがNISA。2024年から制度が大きく変わり、新NISAにパワーアップしています。まずは制度のしくみと変更点などを押さえましょう。

	つみたてNISA	一般NISA
年間投資枠	40万円	120万円
非課税保有期間	20年間	5年間
非課税保有限度額（生涯非課税枠）	800万円	600万円
口座開設期間	2023年まで	2023年まで
投資対象商品	積立・分散投資に適した一定の投資信託	上場株式投資信託等

しかし 今回の パワーアップで つみたて投資枠と 成長投資枠の併用が 可能になりました
つみたて投資枠
成長投資枠
両方使えるんですね
そして 非課税 保有期間が 無期限に なりました!
ひかぜいほゆうきかん…というと?
簡単に言うと NISAの制度を 長く利用できるようになったんです
さらにNISA用の口座開設も 期限がなくなり 年間の 投資額も引き上げに!
投資枠の併用 可能!
非課税保有期間 無期限!
非課税保有限度額(生涯非課税枠) 合計 1,800万円に! (うち成長投資枠 1,200万円)
口座開設期間 恒久化(期限なし)!
非課税枠の再利用 可能!
非課税枠の再利用も 可能になって、 より長く安心して 利用できる制度に なったんですよ
えー! お姉ちゃんにも 教えなきゃ!
パワーアップするのはわかりましたが いくらはじめやすいといってもメリットばかりではないでしょう?
すっ
お父さんすぐ そんなこと言ってー
おっしゃるとおり 注意点やデメリットも あります
それも含めてくわしく 説明していきましょう

01

資産運用でぜひ利用したい！

NISAとはどんな制度？

金融商品から得られる利益には税金がかかる

いま注目されているNISA。はじめに、どのような制度なのかについて押さえておきましょう。

まず、NISAの説明に入る前に、株式や投資信託などの**金融商品の利益には約20%の税率で税金がかかる**ことを知っていますか。

株式や投資信託などの金融商品に投資をして、これらを売却して得た利益や受け取った配当金に対して税金がかかります。

たとえば、株式や投資信託などで運用をして1万円の利益が出たとします。課税口座であれば、この1万円には約20%の税率で税金がかかるので、約2,000円が税金となります。ですから、手元に残るのは8,000円ほどになります。

金融商品から得られる利益がNISAでは非課税に！

NISAは「NISA口座（非課税口座）」内で、一定金額の範囲内で購入した金融商品から得られる利益について、税金がかからなくなる制度です。

NISA（Nippon Individual Savings Account の略）は愛称で、正式には「少額投資非課税制度」といいます。

先ほどの例では、金融商品で運用をして1万円の利益が出ても、約2,000円が税金となって、手元に残るのは8,000円ほどでした。これが、NISAを利用すれば税金がかからなくなるので、1万円の**利益のすべてが手元に残る**というわけです。

利益に対する税金がかからなくなるのは、大きなメリット。利益が大きくなればなるほど、運用期間が長くなればなるほど、利益にかかる税金の金額も大きくなります。ですから、資産運用をする際には、ぜひ利用したい制度といえます。

「金融商品の利益と税金の関係」

例：株式や投資信託などを購入し、値上がりして売却した場合

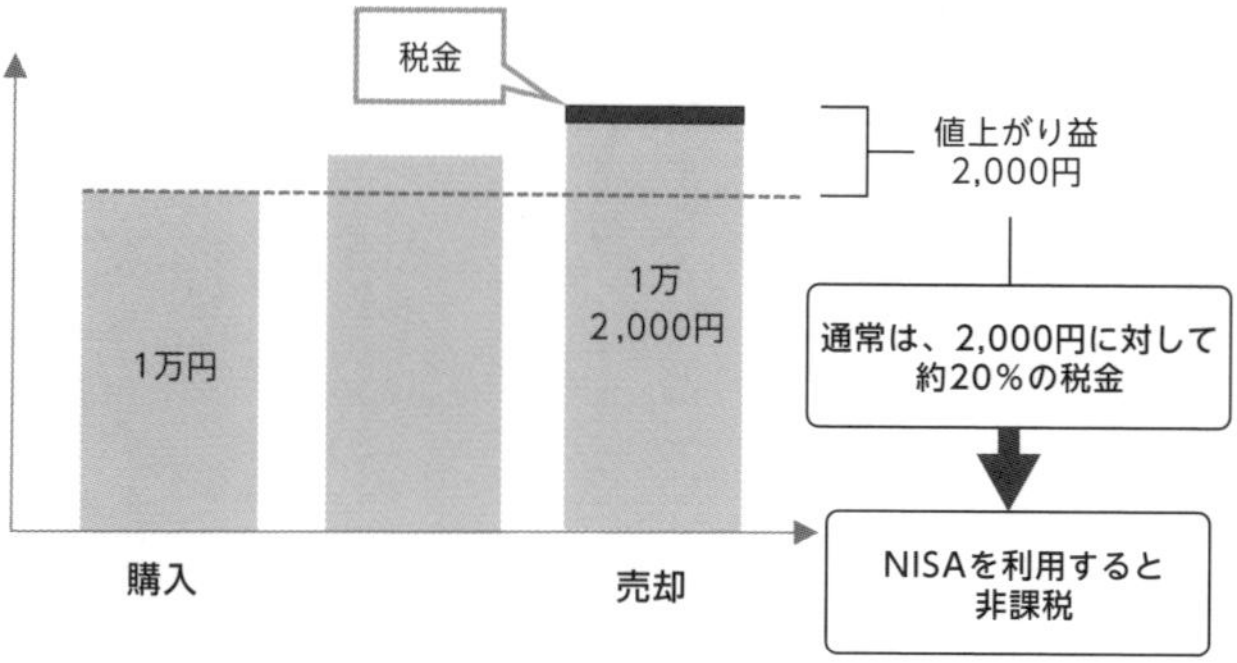

例：購入した株式や投資信託などを保有している間に配当金・分配金を受け取った場合

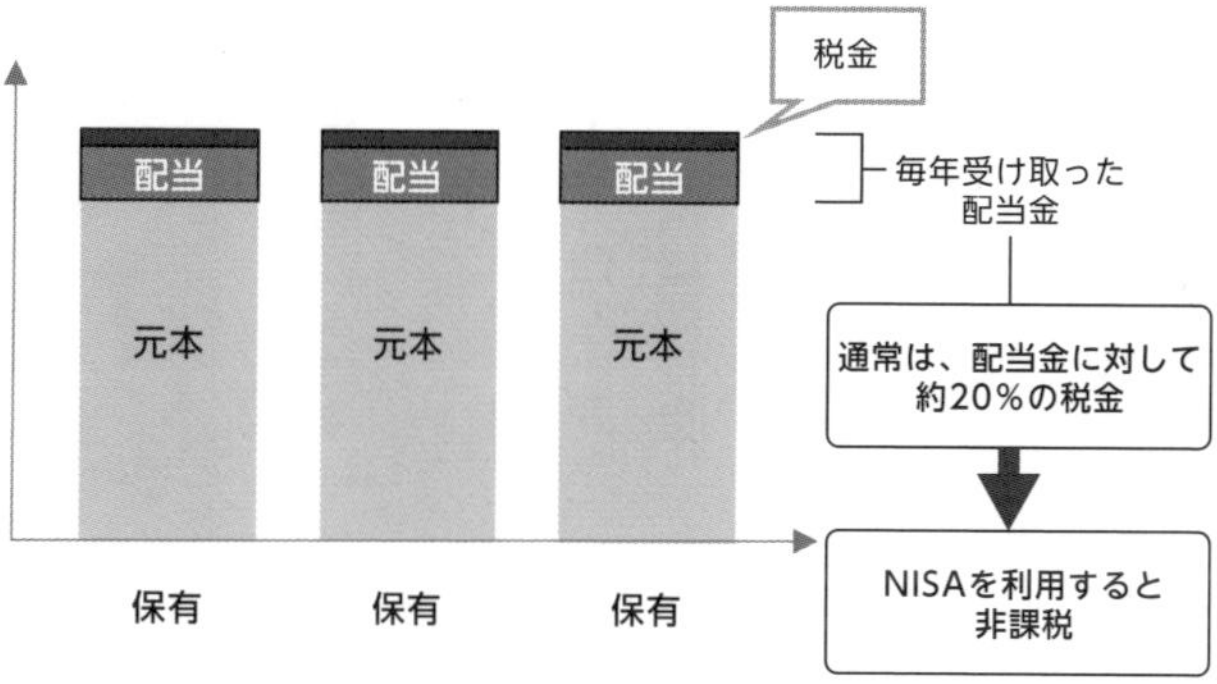

金融商品を売却して得た利益や受け取った配当金に対しては、約20%の税金がかかります。約 20%の税金がかかるか、かからないかで、将来的に手元に残るお金には大きな差がつきます。NISA 口座は非課税ですから、資産運用の際には活用したほうがお得といえるでしょう。

はみ出しメモ 「約 20%の税率」は、正確には所得税・復興特別所得税と住民税の合計で 20.315%の税率で税金がかかる。

02 NISAはこう変わった① 安心な制度に

投資枠の併用可能、非課税になる期間が無期限に

つみたて投資枠と成長投資枠の併用が可能に

NISAの制度は、2024年から大きく変わっています。2023年までは、「一般NISA」と「つみたてNISA」の2つのうちどちらかを選択して利用することになっていました。

2024年からの新NISAでは、**「つみたて投資枠」と「成長投資枠」が設けられて、この2つの投資枠の併用ができるようになっています**。

ただし、口座の開設は、1人につき1つの口座（1金融機関）に限られ、**つみたて投資枠と成長投資枠を別々の金融機関で利用することはできません**。

なお、2023年までに一般NISAやつみたてNISA口座を開設している人は、同じ金融機関に自動的に新しいNISA口座が開設されます（商品の移管はできない）。

新しい制度は無期限化・恒久化された

これまでの一般NISAの非課税保有期間は5年間で、つみたてNISAの非課税保有期間は20年間になっていました。

この**非課税保有期間が新NISAでは無期限となります**。

また、これまでの一般NISA・つみたてNISAの口座開設期間には期限がありましたが、新NISAでは、**口座開設期間が恒久化されました**。つまり、つみたて投資枠でも成長投資枠でも、年数のしばりなしに利益をずっと非課税にすることができるようになっています。

この無期限化・恒久化によって、いつまで利用できるのかといった不安がなくなり、長く安心して利用することができる制度になりました。

ですから、より長期的な視点で資産を運用することができるようになったといえるでしょう。

「これまでのNISAと新NISA①」

旧制度（2023年まで）		新制度（2024年以降）
一般NISA	新しい制度に →	成長投資枠
つみたてNISA		つみたて投資枠
ジュニアNISA※	→	廃止

※ジュニアNISAは2023年末で終了。2024年以降、ジュニアNISAでは、新規購入ができない。

●制度の併用

【これまでのNISA】
つみたてNISAと一般NISAのどちらかを選択

併用可能に →

【新NISA】
つみたて投資枠と成長投資枠の併用が可能

●非課税期間・口座開設期間

【これまでのNISA】
つみたてNISA：20年間
一般NISA：5年間
口座開設期間に期限あり

長く使える →

【新NISA】
非課税期間：無期限
口座開設期間：恒久化

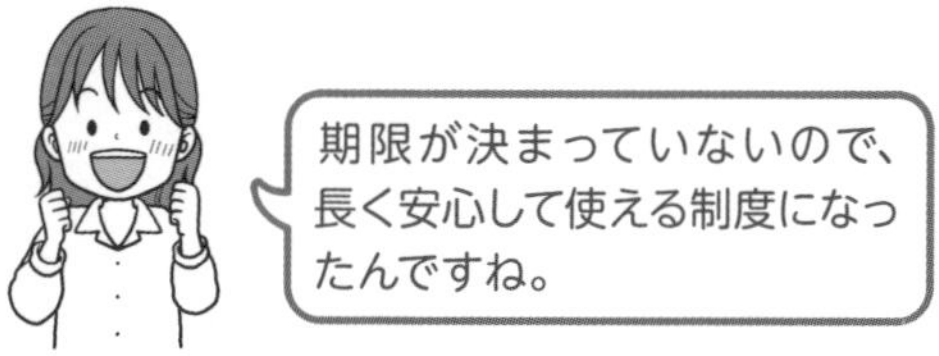

はみ出しメモ　つみたて投資枠と成長投資枠を別々の金融機関で利用することはできないが、年単位で金融機関を変更することは可能。

03

年間投資枠の大きな引き上げ、非課税枠の再利用も可能に

NISAはこう変わった② 投資枠が拡大

● 年間の投資枠が引き上げられた

これまでのつみたてNISAの年間投資枠は40万円、一般NISAの年間投資枠は120万円でした。新NISAでは、**つみたて投資枠の年間投資枠は120万円、成長投資枠は240万円と大きく引き上げ**られています。この2つを合わせた**360万円が新NISAの年間投資枠の上限**となります。

ただし、投資できる期間は恒久化されましたが、無制限に非課税投資枠が使えるわけではありません。**非課税保有限度額が決められていて、1人につき1,800万円です**。

また、この非課税保有限度額のうち、成長投資枠で投資できるのは最大1,200万円までです。

なお、つみたて投資枠だけで非課税保有限度額（1,800万円）を使い切ることもできます。逆に、つみたて投資枠を使わず、成長投資枠だけを利用することもできます（最大1,200万円まで）。

● 非課税枠の再利用が可能

これまでのNISAでは、口座内で保有する株式や投資信託を売却しても非課税投資枠の再利用はできませんでした。

新NISAでは、売却して空いた分※の枠が翌年には復活し、再利用することができます。

ですから、生涯の非課税枠を再利用しながら運用を行っていくことができるのです。

たとえば、1,800万円のうち900万円分の枠を使っている状態で300万円分売却すると、翌年に売却した分の枠が復活し、残りの枠は1,200万円となります。

非課税投資枠が大きく引き上げられ、**非課税保有限度額が1,800万円になり**、さらに**非課税枠の再利用が可能**になったことで、新NISAはよりパワーアップした制度になったといえるでしょう。

※当該商品の簿価（購入したときの金額）分。

これまでの NISA と新 NISA ②

●年間投資枠

【これまでのNISA】

つみたてNISA	40万円
一般NISA	120万円

上限引上げ →

【新NISA】

つみたて投資枠	**120万円**
成長投資枠	**240万円**

●非課税保有限度額（生涯非課税枠）

【これまでのNISA】

つみたてNISA	最大800万円（40万円×20年間）
一般NISA	最大600万円（120万円×5年間）

利用可能額UP →

【新NISA】

2つの投資枠を合わせて
1,800万円
（うち成長投資枠は
最大1,200万円まで）

●非課税枠の再利用

【これまでのNISA】

売却しても、
投資枠は再利用できない

再利用が可能に →

【新NISA】

売却した場合、
翌年に非課税枠の
再利用が可能

たとえば、900万円分の枠を使っている状態で300万円分売却した場合

1,800万円		1,800万円
900万円（空いている枠）	→ 300万円分売却 →	1,200万円（空いている枠）
900万円		600万円

はみ出しメモ　NISA は、日本国内に住んでいて、その年の 1 月 1 日時点で 18 際以上の人であれば、だれでも利用できる。

04

１，８００万円の生涯非課税枠！

新ＮＩＳＡで人生１００年時代の資産形成

●長期的な資産形成に活用できる

新ＮＩＳＡは、生涯で使える非課税枠（非課税保有限度額）が１，８００万円（成長投資枠は最大１，２００万円）です。

そして、非課税期間が無期限になり、口座開設期間の制限もなくなりました。

ですから、**新ＮＩＳＡは、人生１００年時代に合わせた長期的な資産形成に活用することができます。**

たとえば、つみたて投資枠の上限は年間１２０万円ですが、毎年この上限の１２０万円を積み立てて投資していくとすると、15年かけて１，８００万円の生涯非課税枠を使っていくことになります。年間１２０万円ということは、毎月の投資額は10万円。さすがにそれはできないという人も多いでしょう。

仮に毎月５万円ずつであれば、30年かけて１，８００万円の生涯非課税枠を使っていくことになります。

たとえば、30歳の人が月５万円の積み立て投資を行っていくと、30年後の60歳には、１，８００万円もの資産を築くことができることになります。

このように長期的に非課税で運用していくことによって、資産を形成することができるのです。

●非課税枠は買付残高で管理

生涯非課税枠は再利用できることはすでに触れましたが、この**非課税枠は買付残高（簿価残高）で管理されます。**

投資信託に累計５００万円分を投資して、この投資信託が７００万円に値上がりし、全額を売却したとします。この場合、買い付けた金額（簿価）ベースで非課税枠が５００万円分空いたとみなされ、非課税枠５００万円分を再度利用できます。

この非課税枠は買付残高で管理されるという点もポイントの１つといえるでしょう。

「生涯非課税枠は累計1,800万円」

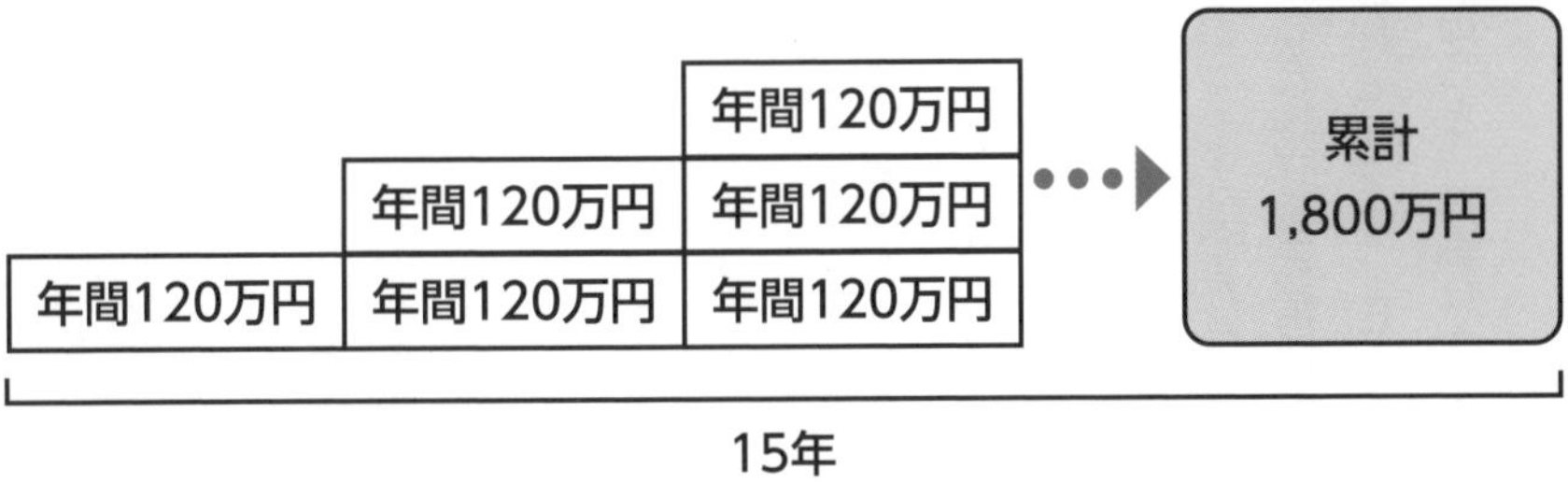

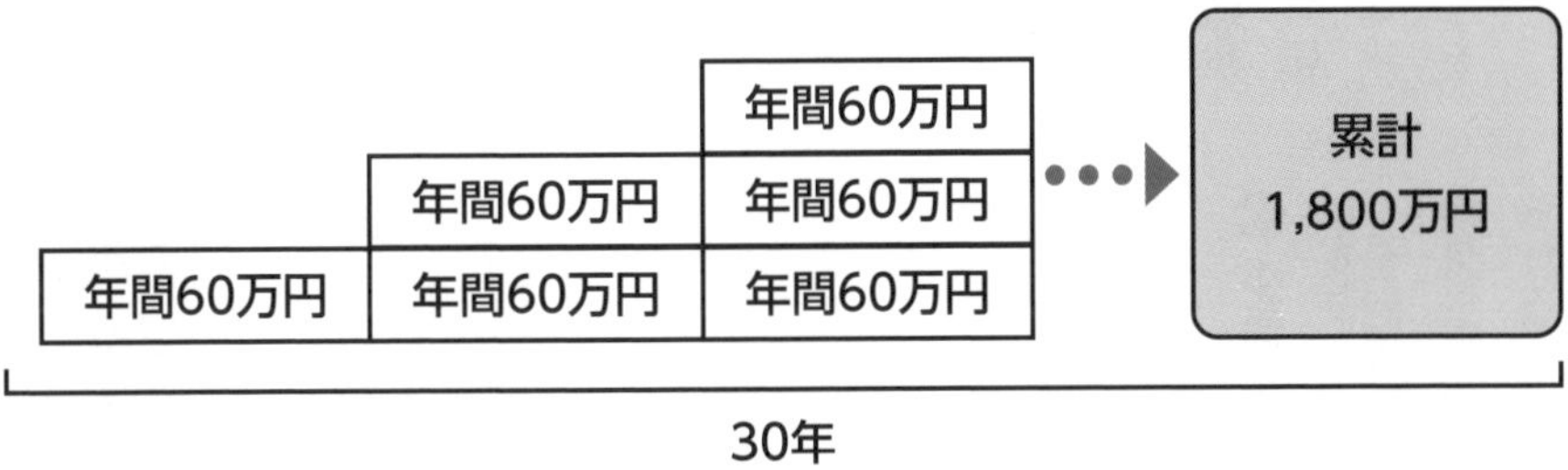

年間投資枠の上限は360万円。毎年、360万円ずつ投資をすれば、5年間で生涯非課税枠を使うことになります。ただし、年間360万円を投資に回せる人はあまりいないでしょう。年間120万円、60万円ずつ投資をすれば、この図のように15年、30年かけて非課税枠を使うことになります。

「非課税枠は簿価ベースで管理される」

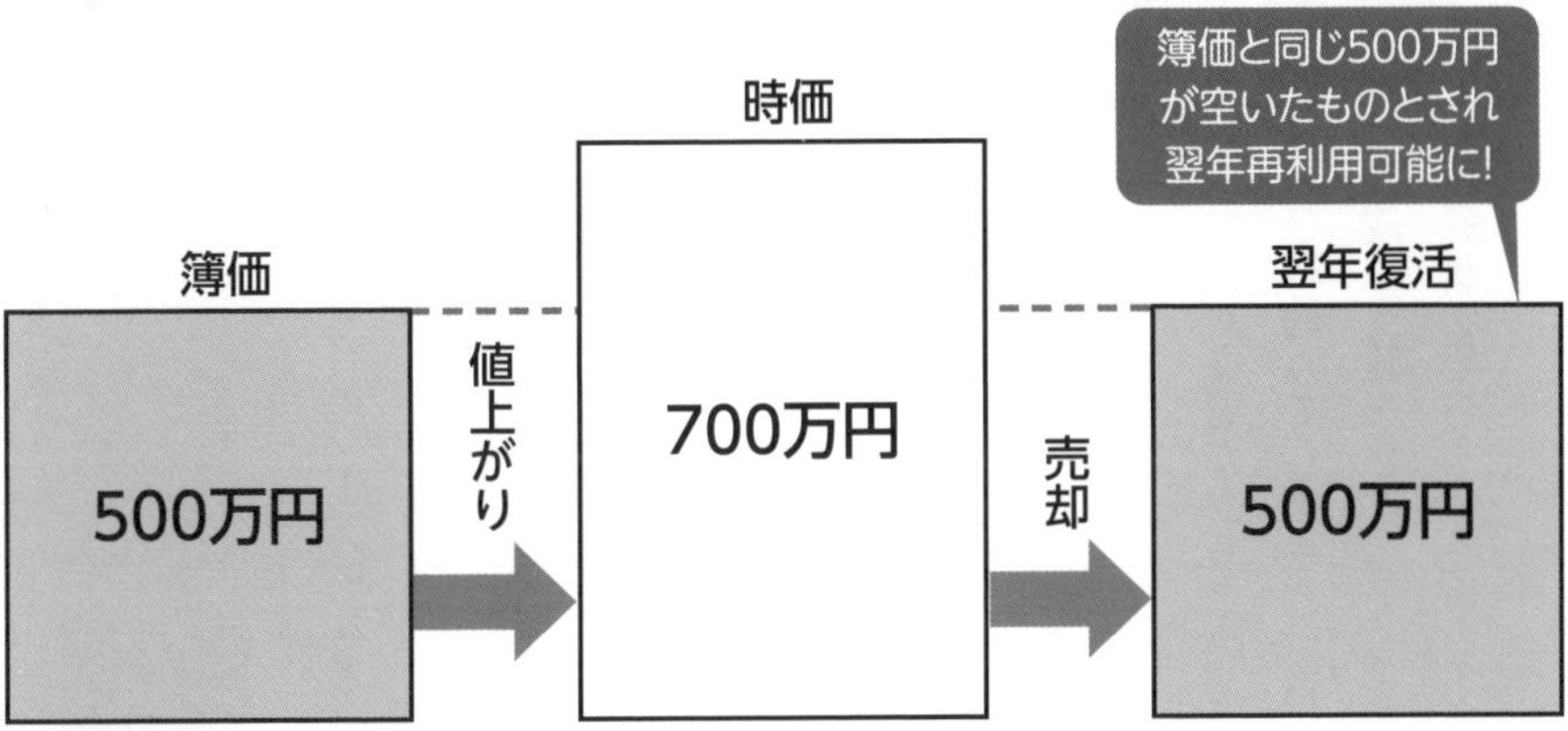

はみ出しメモ
非課税保有限度額は簿価ベースで管理される。簿価とは、帳簿価格、投資元本のこと。当初買い付けた価格＋買い付けにかかった手数料などが簿価となる。

05

金融庁の条件をクリアした商品で長期・積立・分散投資！

つみたて投資枠は投資初心者向け！

つみたて投資枠は長期・積立・分散投資に適した商品に限定

ここからは、2つの投資枠について見ていきましょう。まずは、つみたて投資枠ですが、これまでのつみたてNISAの役割を引き継ぐ枠となります。

つみたて投資枠の対象商品は、これまでのつみたてNISAの対象商品と同じです。

手数料が低水準など、**金融庁の条件をクリアした長期・積立・分散投資に適した株式投資信託とETFに限定されています**（ETFは上場投資信託のこと。詳細は112ページを参照）。

投資初心者でも商品を選びやすい

投資信託には何千もの種類があります。そのなかから投資初心者が商品を選ぶのは大変なことですが、つみたて投資枠の対象商品は、投資初心者でも選びやすくなっています。

そのため、**つみたて投資枠は、投資初心者をはじめ幅広い人たちが利用しやすいしくみとなっている**といえるでしょう。

少額からはじめられる

金融機関によって異なりますが、**毎月少額の積立額から運用をはじめられるのもつみたて投資枠の特徴です**。毎月1，000円、1万円など、生活に負担をかけない、無理のない範囲で長期的に資産形成を目指すことができます。この少額からはじめられる手軽さも、投資初心者向けといえるでしょう。

また、もしお金が必要になったら、いつでも売却（解約）してお金にすることができます。ですから、安心して資産運用をはじめることができます。

ただし、お金が必要だからといって、たびたび解約してしまうと、将来の資産形成に支障をきたしてしまうので、注意が必要です。

つみたて投資枠の対象商品

長期・積立・分散投資に適した株式投資信託	ETF（上場投資信託）
→90ページ参照	→112ページ参照

金融庁の条件をクリアした商品のみ！

少額からコツコツと積み立てするなら、つみたて投資枠がおすすめだよ。

金融庁　NISA キャラクター
つみたてワニーサ

少額からできるなら私向きかも！

Column　つみたて投資枠の対象商品の多くはインデックス型の投資信託

つみたて投資枠の対象商品は、厳選された商品のみとなっていますが、対象商品の内訳を見ると、その多くはインデックス型の投資信託になっています。インデックス型とは、日経平均株価など、特定のインデックス（指数）に運用成果が連動するように設計されている投資信託のことです。インデックス型は運用管理費用（信託報酬）が低く、かつ値動きが安定しているという特徴があります。大きなリターン（もうけ）は期待できませんが、損をすることも少ないので、そういった意味でも初心者向けといえるでしょう。投資信託については、第4章でくわしく見ていきます。

はみ出しメモ　インデックス型に対して、アクティブ型の投資信託もある。アクティブ型は目標に定めたインデックスを上回る運用成果を目指して積極的な運用を行う投資信託（詳細は第４章を参照）。

06

長期的な資産運用をしたい人におすすめ！

つみたて投資枠を活用しよう！

長期にわたる積立投資が前提

つみたて投資枠は、名前に「つみたて」とあるように、あくまで**長期にわたる積み立てが前提になっています**。

投資の際は、1カ月に1回など決まったタイミングで定額を買い付けていくので、いつ、いくら購入するかなどを考える必要がなく、手間がかかりません。

投資はタイミングが難しいものですが、定期的に積立投資をすることで、価格が低いときに買わなかったり、価格が高いときだけに買ってしまったりするといった事態を避けることができます。

定期的に定額を買い付けていくので、**価格が低いときには多く、価格が高いときには少なく買い付けるという「ドル・コスト平均法」（60ページを参照）の効果も期待できます。**

複利の効果が期待できる

また、資産運用においては**「成長する資産で長期運用すること」が大切です**。

長期運用することによって、運用によって得られた利益がさらに運用され、どんどん利益が増幅していく複利の効果（62ページを参照）も期待できます。そして、複利効果は投資期間が長いほど、その効果も大きくなります。

新NISAでは、つみたて投資枠だけで非課税保有限度額の1,800万円を使うことができるので、毎月5万円を30年積み立てて1,800万円の枠を使うことができます。

このように、つみたて投資枠は少額からはじめることができ、リスクを抑えながら積み立てていくことができます。

ですから、つみたて投資枠は、コツコツと長期的な資産運用をしたいという人におすすめです。

投資するタイミングは難しい

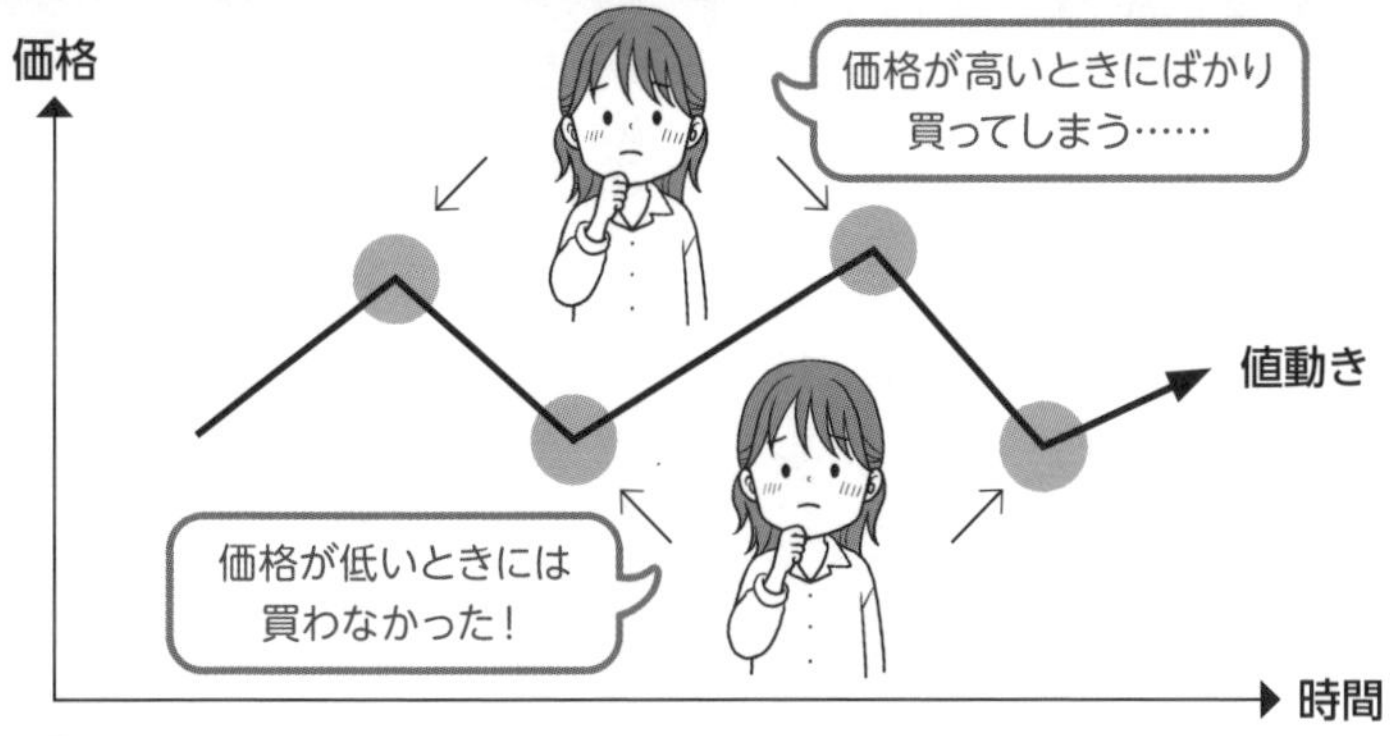

投資信託などの金融商品の価格は変動するので、投資するタイミングは難しいものです。定期的に積立投資をすることで、安定的に投資することができます。

長期運用によってもたらされる複利の効果

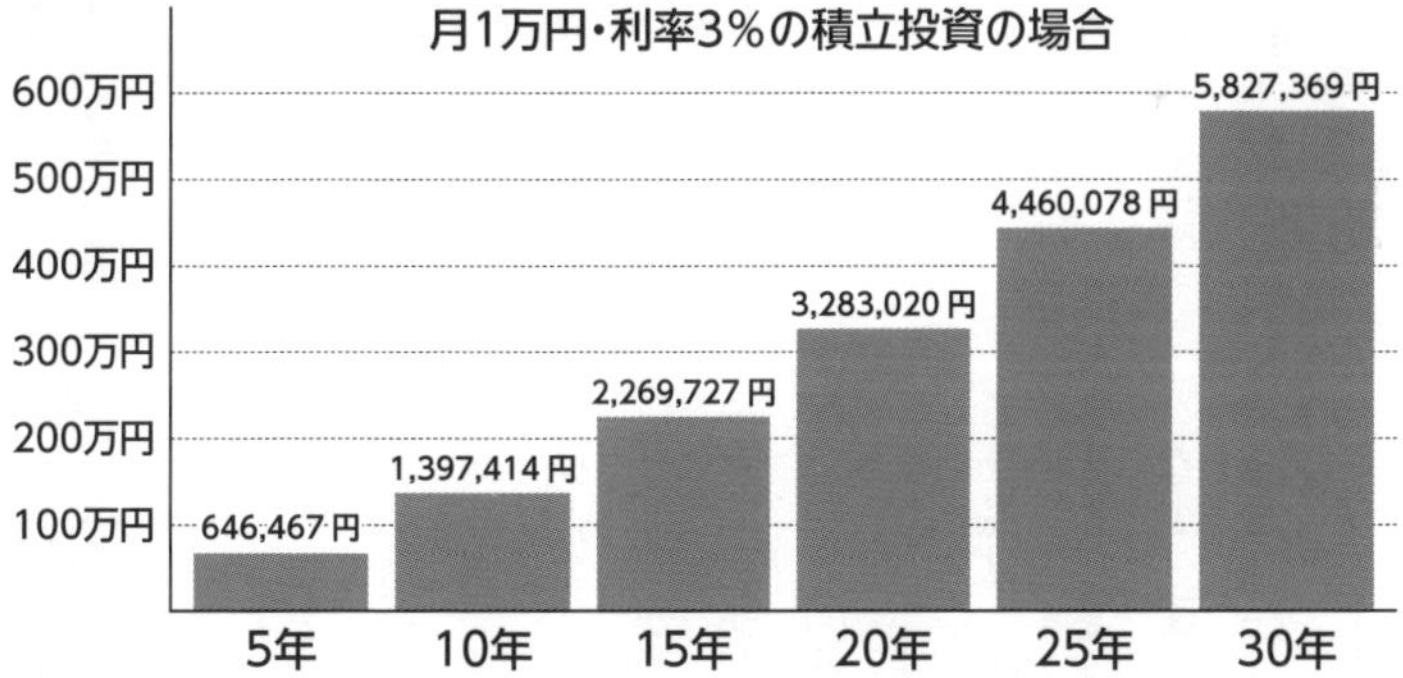

※表計算ソフトでの試算。税金等を考慮していない概算額

長期運用が大事なんですね！

月1万円、利率３％で、積立投資(複利運用)を20年間続けた場合は約328万円、30年間続けた場合は約583万円の資金をつくることができます。

はみ出しメモ 複利効果とは、運用益を再投資することで利益が増幅していく効果のこと。複利については62ページを参照。

07

上場株式やETF、REITに投資できる

幅広い商品に投資するなら成長投資枠！

次に、成長投資枠について見ていきましょう。

成長投資枠の対象商品

成長投資枠とは、これまでの一般NISAにあたる非課税投資枠のことです。

つみたて投資枠の対象商品は限定されていましたが、成長投資枠の対象商品は幅広く、株式投資信託はもちろん、他の金融商品にも投資することができます。

ですから、成長投資枠はさまざまな金融商品に投資したい人向けの投資枠といえるでしょう。

ただし、すべての金融商品が投資対象となっているわけではありません。預貯金や債券（個人向け国債など）、公社債投資信託（株式を一切組み入れない投資信託）はNISAの対象となっていません。また、非上場株式やFX（外国為替証拠金取引）、金への直接投資なども対象となっていません。

これまでの一般NISAと ほぼ同様の商品の購入が可能

新NISAの成長投資枠では、上場株式、株式投資信託、ETF（上場投資信託）、REIT（上場不動産投資信託）を投資対象とすることができます（各金融商品については第3章と第4章を参照）。

これまでの一般NISAとほぼ同様の商品を購入することができますが、成長投資枠では、整理・監理銘柄※に指定されている上場株式や信託期間が20年未満の投資信託など一定の商品が除外されています（次ページの図参照）。

また、つみたて投資枠で購入できる商品は、成長投資枠でも購入することができます。

なお、実際に購入することのできる金融商品は金融機関によって異なるので、くわしくは口座を開設する金融機関で確認しましょう。

※整理銘柄：上場廃止基準に該当し、上場廃止が決定された銘柄。
監理銘柄：上場廃止基準に該当する恐れがある場合に、証券取引所により指定された銘柄。

成長投資枠の対象商品

対象とならない金融商品

- 非上場株式
- 預貯金
- 債券
- 公社債投資信託

など

対象となる金融商品

- 上場株式
- 株式投資信託
- ETF
- REIT

など

成長投資枠は、運用できる商品の選択肢が多いので、さまざまな金融商品に投資したい人向けです。

- **上場株式（証券取引所で売買されている株式）**

☞整理・監理銘柄に選定されている上場株式は除外されている

- **株式投資信託**
- **ETF（上場している投資信託）**

☞信託期間20年未満、毎月分配型、デリバティブ取引を用いた一定の投資信託等は除外されている

- **REIT（上場している不動産投資信託）**

上場株式に投資する場合は、成長投資枠を利用するわけですね。

用語 **デリバティブ**　株式、債券、金利、通貨、金、原油などの原資産の価格を基準に価値が決まる金融商品の総称。原資産から派生した商品として、金融派生商品とも呼ばれる。

08

経験者・資金に余裕がある人向け！

成長投資枠はハイリターンな商品も投資可

成長投資枠は一括購入できる

続けて、成長投資枠について見ていきましょう。

つみたて投資枠は、一定額を定期的に継続して購入していきますが、**成長投資枠は一括購入することができます**。

ですから、資金に余裕があれば、年間240万円を上限に、上場株式やETFなどを一括で購入することが可能です。

大きなリターンを狙う場合は成長投資枠

これまでの一般NISAは非課税期間が5年間でしたが、成長投資枠では無期限で保有できるようになっています。ですから、リスクが高めの上場株式の個別銘柄でも長期投資が可能になりました。

また、年間投資枠はこれまでの一般NISAでは120万円でしたが、新NISAは240万円となり、これまで以上に大きな金額でリターンの大きい商品に投資することが可能になっています。

ただし、**リターンが大きい商品はリスクも大きい**ものです。リターンの大きな商品に投資する場合には、リスクについて十分理解したうえで、**無理のない範囲で行う**必要があります（リスクとリターンについては第2章を参照）。

つみたて投資枠と成長投資枠を併用する

また、新NISAではつみたて投資枠と成長投資枠を併用することができます。

まずはつみたて投資枠を利用して一定金額をコツコツと積み立てていきます。そして、資金に余裕ができたら、成長投資枠を利用して、上場株式などを購入するという、**つみたて投資枠と成長投資枠の併用を検討してみる**のもよいでしょう（くわしくは第5章を参照）。

成長投資枠で大きなリターンが狙える

非課税期間が無期限

年間投資枠が240万円

非課税保有限度額が
成長投資枠は最大1,200万円

成長投資枠を利用して資産を大きく増やすこともできるかもしれないですね。

大きなリターンが期待できる金融商品には大きなリスクもあるので、リスクについてしっかりと理解する必要があります。

つみたて投資枠と成長投資枠の併用

つみたて投資枠で
積立投資

＋

成長投資枠で
株式投資

資金に余裕ができたら成長投資枠で株式に投資！

まずはつみたて投資枠で積立投資！

用語　**銘柄**　市場で取引の対象となる有価証券や商品の名称。

09 新NISAの注意点とは？

一般NISA・つみたてNISAは新NISAに移管できない

NISAには、金融商品から得られる利益について税金が非課税になるというメリットがありますが、いくつかの注意点もあります。

これまでの一般NISAやつみたてNISAで保有している商品は、一般NISAは5年間、つみたてNISAは20年間、そのまま非課税で保有可能です。ただし、**非課税期間が終了した後、新NISAに移管することはできません**。

これまでのNISA口座内の商品を新NISA口座に移すためには、保有している商品を一度売却し、改めてつみたて投資枠や成長投資枠で取引をする必要があります。

損益通算ができない

NISA口座では、利益がなかったものとみなされる代わりに、損もなかったものとみなされます。

ですから、NISA口座で保有している投資信託が値下がりした後に売却するなどして**損失が出た場合でも、他の口座（一般口座や特定口座）で保有している金融商品の配当金や売却によって得た利益との損益通算はできません**。

また、その損失を翌年以降に繰越しすることもできません。

株式数比例配分方式を選択する

NISA口座で購入した上場株式の配当金を非課税とするためには、**配当金の受け取り方法を証券会社の取引口座で受け取る「株式数比例配分方式」に指定する**必要があります。

「配当金領収証方式」（配当金領収証を金融機関に持ち込んで受け取る方法）などを選択していると課税されることになります。

これらの注意点について、あらかじめ理解しておきましょう。

「新 NISA には移管できない」

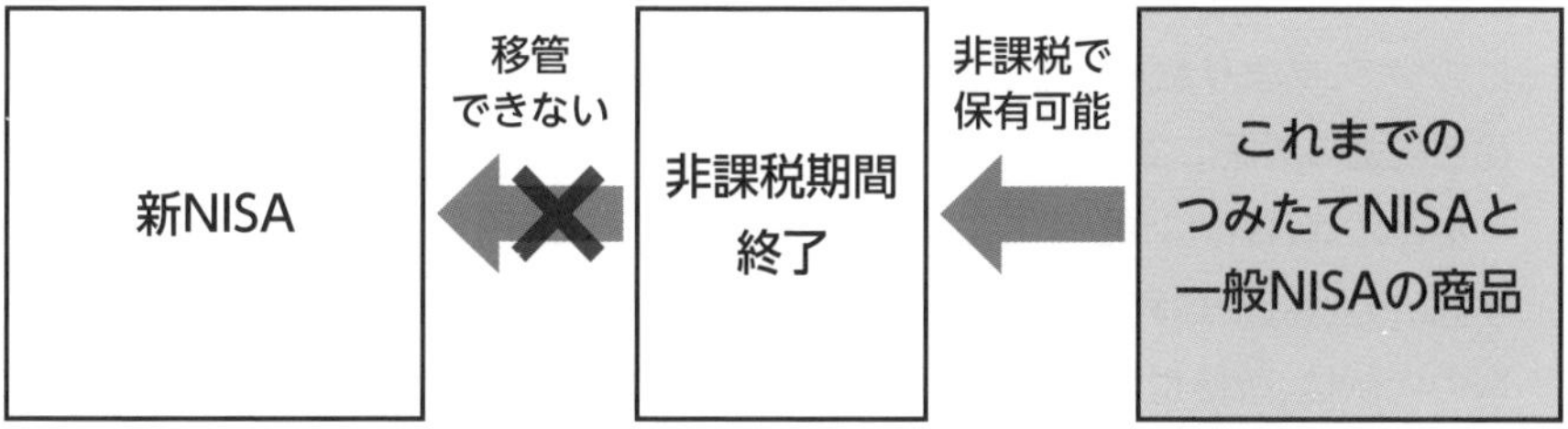

「NISA は損益通算ができない」

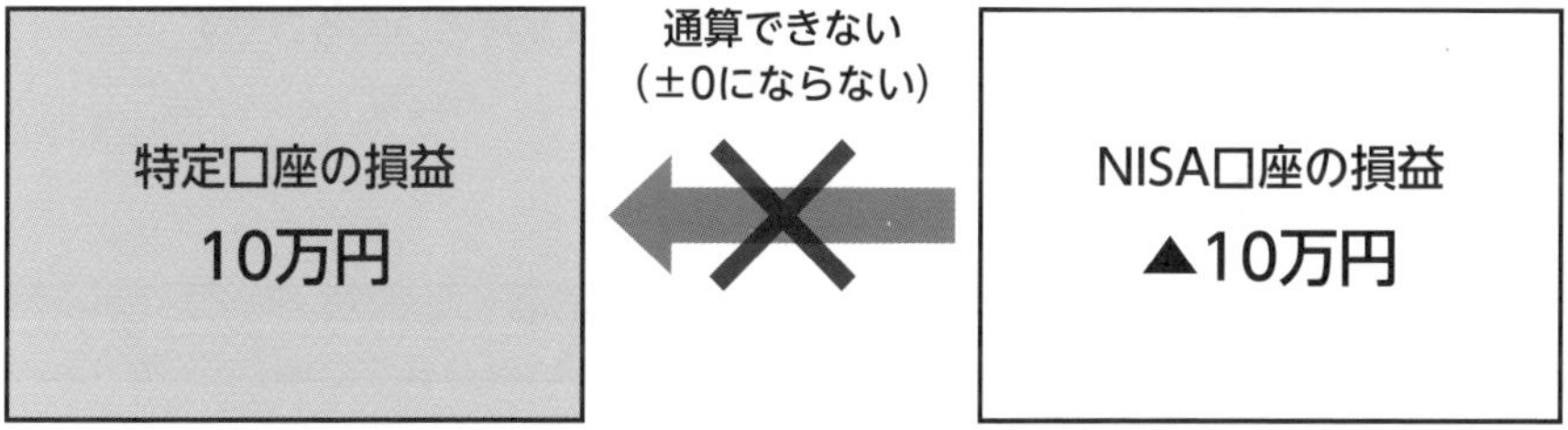

NISA口座でマイナス10万円、特定口座でプラス10万円
となっていても損益通算(プラスとマイナスを相殺)できない。

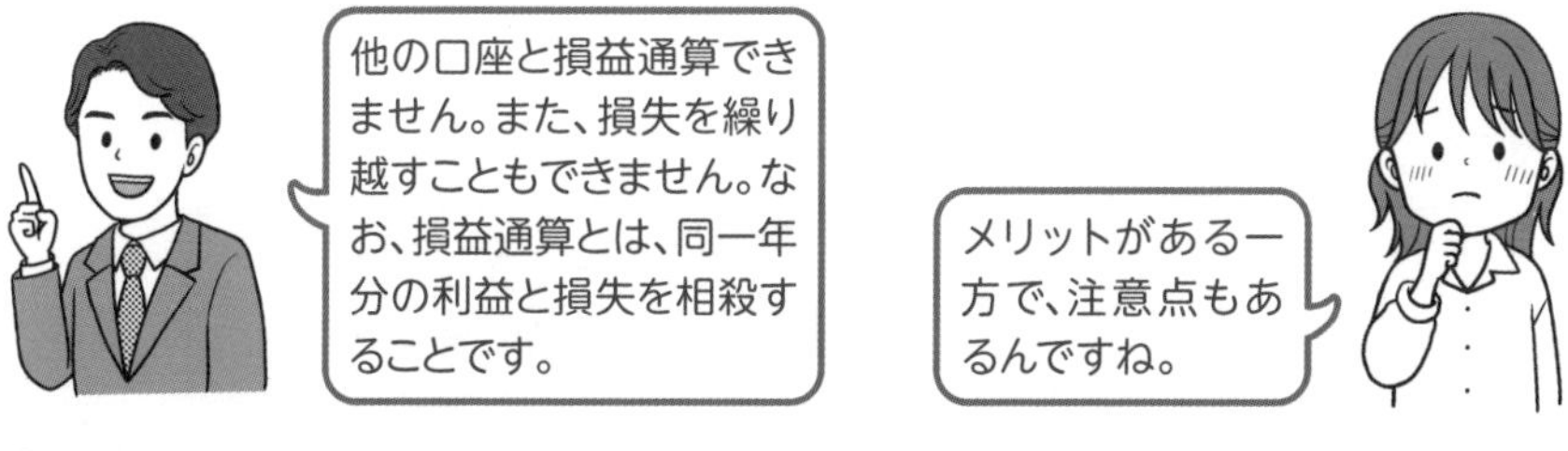

用語

特定口座　金融機関が特定口座内の上場株式等の譲渡所得等を計算する。源泉徴収あり・なしがある。

一般口座　投資家自身が上場株式等の譲渡所得等を計算する。

コラム　金融商品と税金の関係は？

NISAは、金融商品にかかる税金が非課税になる制度ですが、金融商品と税金について、あまり意識したことがない人もいるようです。このコラムで、金融商品と税金の関係について紹介しましょう。

たとえば、銀行に預金をしていて、その預金に1,000円の利息がついたとします。この場合、その利息に対して20.315％の税率で税金がかかります。この税率の内訳は、所得税が15％、住民税が5％、そしてすべての所得税額に対して、2037年12月までは復興特別所得税（所得税額×2.1％）が上乗せされるので、0.315％かかります。ですから合計で20.315％。1,000円の利息に対して、約200円（1,000円×20.315％）の税金がかかるのです。

これと同様に、株式や投資信託から得られる譲渡益（値上がり益）、配当金・分配金にも、同じ税率で税金がかかります。たとえば、投資信託の普通分配金※50,000円を受け取ったとすると、この分配金に対して約10,000円の税金がかかります。毎年、50,000円ずつ分配金を受け取った場合は、5年で約50,800円、10年で約101,600円の税金がかかることになります。長期的に考えると大きな金額です。NISAを利用すれば、この税金が非課税になり、すべてを受け取ることができます。ですから、NISAはとても魅力的な制度といえるのです。

※投資信託の分配金には、普通分配金と特別分配金（元本払戻金）がある。詳細は 98 ページを参照。

NISA 口座は非課税！

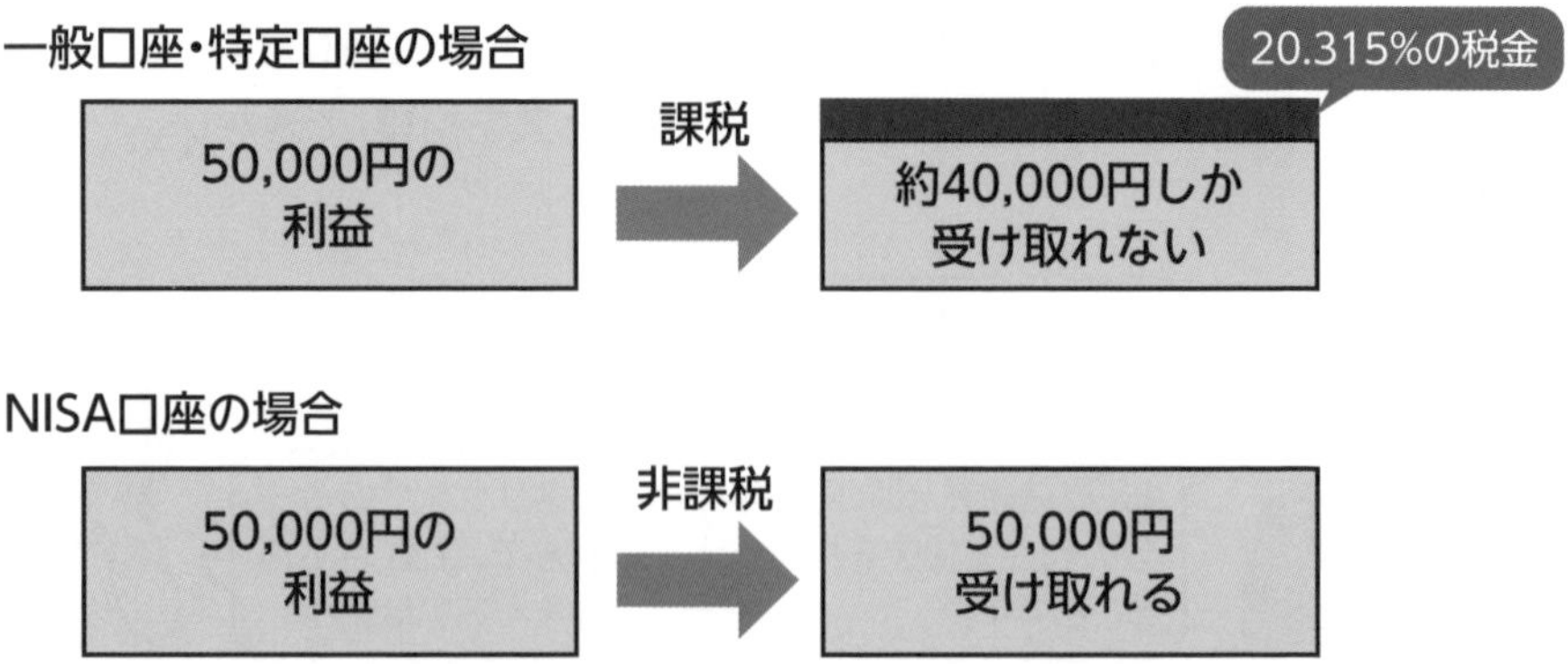

第2章

資産運用の基本の「き」

お金（資産）を増やす「資産運用」。NISA を活用する前に、そもそも資産運用とはどのようなものか、忘れてはいけないリスクなど、基本的なところを解説します。

次は具体的な資産運用について…
あ、あの〜…
私、そもそも運用とか投資とかよくわかんないんです…
それでもできるでしょうか？
貯金もあんまりなくて…
大丈夫ですよ！
では 資産運用の基本について説明しますね
資産運用とは 貯蓄や投資などによって効率的に資産を増やしていくことです
この資産運用でぜひ活用したいのがNISAですね
えっ
貯蓄も投資も資産運用なんですね！
貯蓄と投資の違いですが貯蓄はお金を預けて利息を受け取る運用で 貯めること重視
BANK
利息
投資は価格が変動するタイプの運用で 大きな利益を得られる可能性もありますし 反対に損失が出てしまう可能性もあります
こちらは増やすこと重視ですね
それ以外に不動産などで運用する方法もありますよ
へー！

投資はやっぱり損失のリスクがありますよね
結局貯蓄のほうが…
ウーん
たしかに投資にはリスクがつきものです
ですが リスクを低減する方法もあります※
※くわしくは本文へ
そして 大事なのがライフプランに沿った資産運用です
みなさんは年齢も性別もばらばらですし投資目的も違いますよね
なので 資産運用の軸となるそれぞれのライフプラン つまり生涯の生活設計が大切なんです
うちの資産運用の軸は教育資金です
オレは退職金の運用かな…
えっ 私は何だろう? 仕事はこのまま続けるとして…
ライフプランを立てていよいよ具体的な資産運用について考えていきましょう!

01

貯蓄や投資で効率よくお金を増やしていく

そもそも資産運用とは？

お金自身に働いてもらい資産を増やす

序章やマンガでも少し触れましたが、**資産運用とは、貯蓄や投資などによって、効率的にお金（資産）を増やしていくことです**。

お金自身に働いてもらい、お金（資産）を増やしてもらうこととも いえるでしょう。

「貯蓄や投資などを行うことによって」お金を増やしていくわけですが、貯蓄と投資にはどのような違いがあるのでしょう。

貯蓄は貯めることを重視する

貯蓄とは、簡単にいえばお金を蓄えることです。

だれもがイメージするような、銀行の普通預金や定期預金などの安全な金融商品にお金を預けて利息を受け取る方法です。

現在の低金利では利息はあまりつきませんが、**預けたお金は元本が保証されています**。貯めることを重視するのが、貯蓄です。

投資は増やすことを重視する

一方、**投資は、株式や債券、投資信託など、価格が変動するタイプの金融商品を購入して、元本の成長や配当に期待する方法です**。

投資は運用がうまくいけば大きな利益を得られる場合がありますが、損失（マイナス）が出る可能性もあります。**元本も保証されていません**。

リスクを取ってでも、**増やすことを重視するのが投資**です。

資産運用は、元手となるお金を貯蓄と投資にうまく配分して、効率的にお金（資産）を増やしていくことといえます。

貯蓄と投資の違い

貯蓄

お金を蓄えること。銀行の普通預金や貯蓄預金、定期預金などに預け入れるのが一般的。現在のような低金利時代には、大きく増やすことはできないが、元本を守りながら安全に資産運用できる。

投資

将来有望と思われる企業やモノに資金を投じること。金融商品の場合、株式や投資信託を購入して、その運用成果に期待すること。運用がうまくいって利益を得られる可能性がある一方で、損失を被る可能性も持ち合わせている。

	貯蓄	投資
利用目的・特徴	確実に貯める 大きく増やすことはできない	大きく増やす 損失が出ることもある
元本保証	あり	なし
主な金融商品	普通預金、貯蓄預金、定期預金	株式、債券、投資信託

用語　**元本**　元手。投資したお金、元金のこと。なお、元本保証とは、元本が減らないことを保証するもの。

02

より豊かな社会を形成するために不可欠！

投資は社会全体の経済成長を支えている

投資は自分の資産を増やすだけではない

前項では、貯蓄と投資の違いについて紹介しました。

貯蓄は比較的身近なのに対して、投資は「危なそう」「手を出さないほうがいい」といったイメージを持つ人もいるかもしれません。

たしかに、投資は損失が出る可能性があり、元本も保証されていません。ですから、貯蓄にくらべると安全とはいえません。

ただ、投資は自分の資産を増やすだけではなく、社会的な意義を持っていることも知っておく必要があります。

投資は社会全体の経済成長を支えるという役割を担っています。私たちが投資した資金は、自分の資産を増やすためだけにあるのではなく、市場を通じて企業などの活動資金となっています。

そして、企業などが活動した結果、より暮らしやすい環境が提供されたり、より質の高い商品やサービスが開発されたりします。

つまり、**投資は、より豊かな社会を形成するために欠かせないものに**なっているのです。

投資について考えるときには、このような視点を持つことも大切だといえるでしょう。

投資は投機ではない！

投資と似た言葉に「投機」があります。**投機とは、単に利益を得ることだけを目的とし、相場の変動を利用して利益を得ようとする金融資産等の短期的な取引（売買）**を示す言葉です。

投機は大きなリターンを狙えることもありますが、これに伴ってリスクも大きくなります。ですから、大きな損失を被る可能性もあります。

投資は怖いものと思っている人のなかには、投資と投機を混同している人もいるかもしれません。違いを押さえておくとよいでしょう。

「投資した資金が企業などの活動資金になっている」

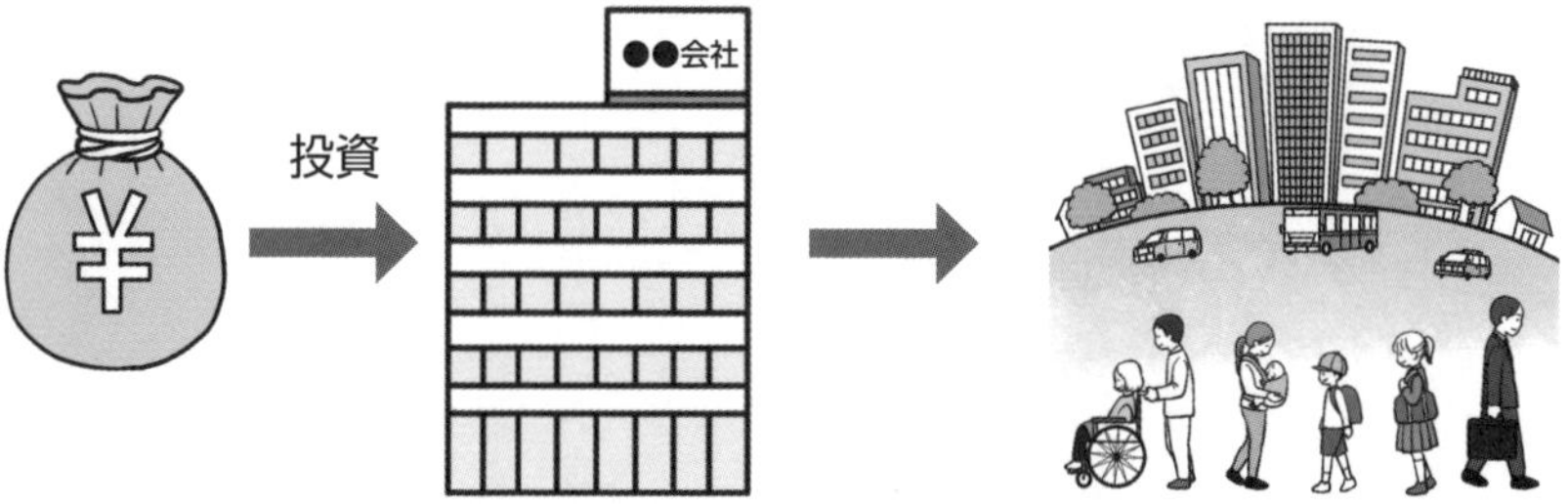

投資した資金によって
企業などが活動

より暮らしやすい環境、
質の高い商品・サービス

「投機と投資の違い」

投　機	≠	投　資
相場の変動を利用して利益を得ようとする金融資産等の短期的な取引(売買)		将来有望と思われる企業やモノに資金を投じること

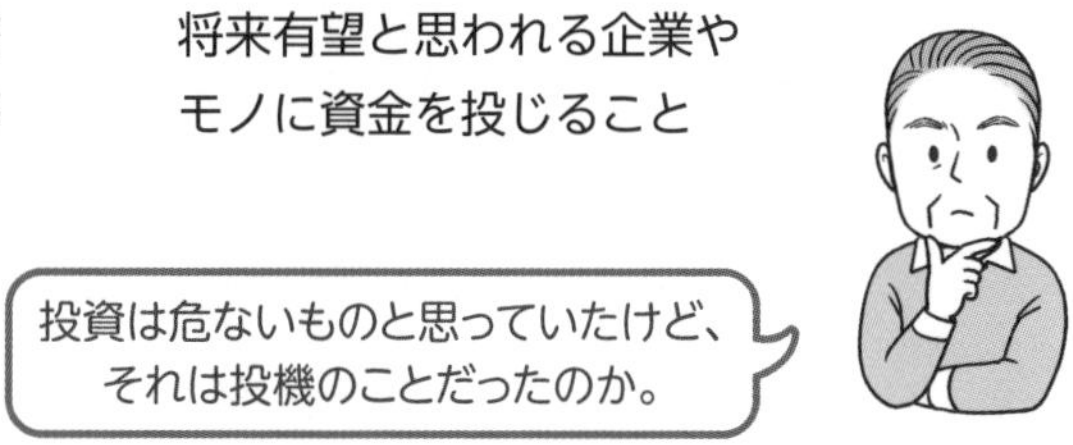

はみ出しメモ 銀行に預けたお金も一部を保管し、多くは企業や個人に貸し出している。お金を借りた企業や個人は利息をつけて返し、銀行は得た利益の一部を預けた人に利息として還元する。

03

自分と家族の生涯の生活設計を考える

ライフプランを立てることが大切

ライフプランは人生の設計図のようなもの

資産運用は、お金を貯蓄と投資にうまく配分して効率的にお金を増やしていくことといえますが、この配分をしていく前に考えておきたいことがあります。

それは、ライフプランについてです。**ライフプランとは、生涯にわたっての自分と家族の生活の設計、「生涯の生活設計」のことです。**「将来、こうなりたい」「こういうことをしたい」というような、個人が持つ夢や希望の計画、人生の設計図ともいえるものです。

具体的には「3年後には結婚したい」「5年後には自動車を買い替えたい」「10年後にはマイホームを購入したい」「退職後は海外に移住したい」といったプランがライフプランです。

ライフプランを立ててお金の配分を考えよう

資産運用は、ただ漠然とお金が増えればいい……というものではありません。目的・プランを持って資産運用を考えていかなければなりません。なぜなら、老後に備えるためなのか、子どもの教育費のためなのか、マイホーム購入の頭金を準備するためなのかなど、**目的によって、運用期間や運用先など運用方法が異なる**からです。

まだ20代で運用の期間をかなり長く取れる人と、定年を過ぎて子どもも成人している人とでは運用の方法がまったく異なります。

ですから、**まずは自分と家族の将来の設計図、ライフプランを立て、それをもとに資産運用を考えていく**ことが大切なのです。

ライフプランを立てたうえで、このお金は貯蓄しておくお金なのか、それとも投資に回すお金なのかといった、お金の配分を考えていくようにするとよいでしょう。

「ライフプランを立てる」

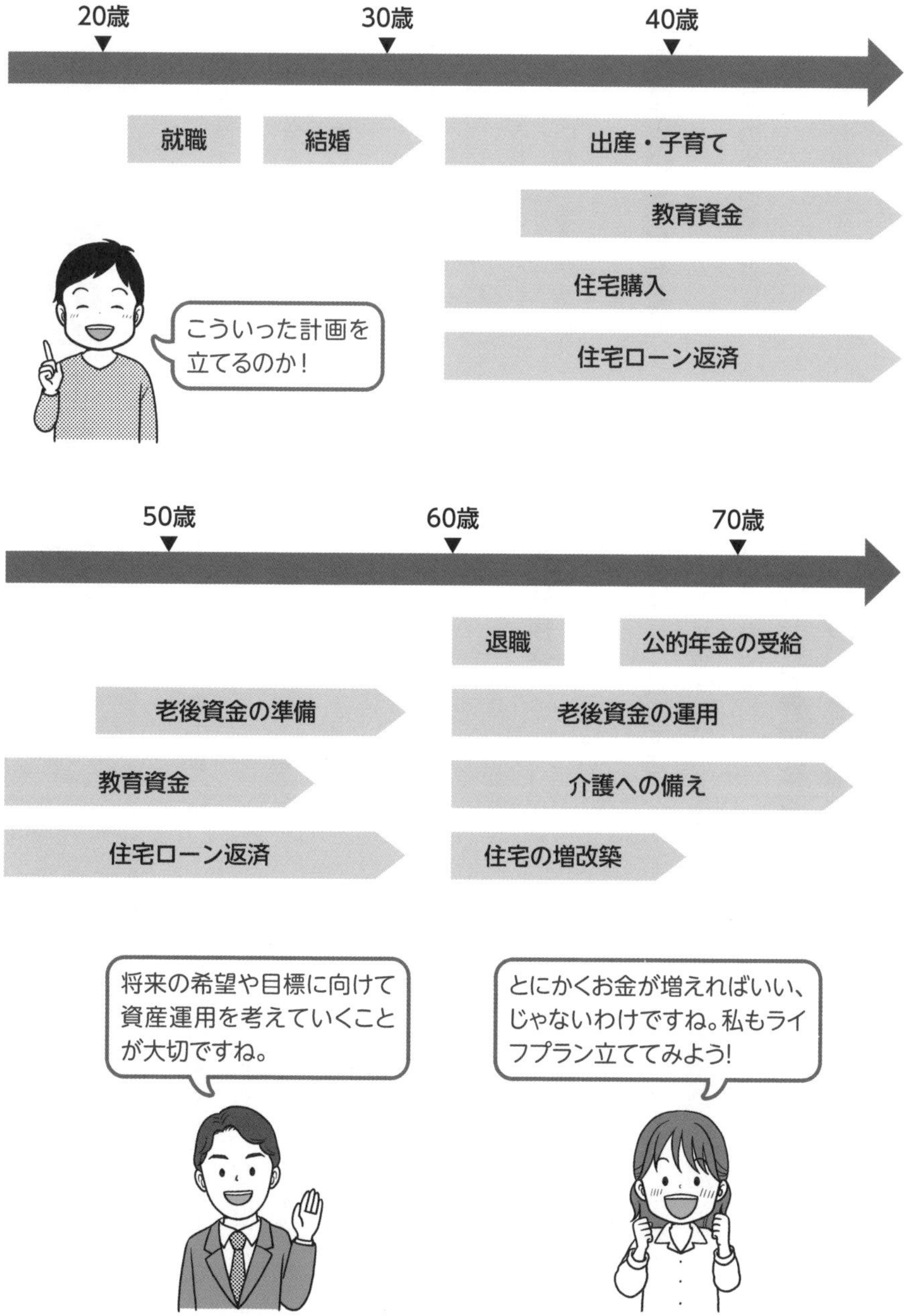

はみ出しメモ　長寿社会を迎えて、長くなった全生涯を通じて、いかに豊かな人生を築くかという「生涯の生活設計」の必要性が改めて問われている。

04

使い道が決まっているかどうかで分ける

手元のお金を分類しよう

4つの資金に分類する

ここからは、お金をどのように配分していくのかについて説明していきましょう。

手持ちのお金と毎月（毎年）入ってくるお金（収入）には、すでに使い道が決まっているお金と、とくに使い道が決まっていないお金があります。

まずは、**お金を次の4つに分類してみましょう。**

①生活資金…日常の生活費などに使うためのお金

②使用予定資金…今後10年以内に使う予定があるお金。子どもの教育費やマイホーム購入、車の買い替えのための資金など

③余裕資金…今後10年以内に使う予定がないお金。老後のための資金など

④緊急資金…急な出費に備えるためのお金

資金の性質と運用法

これら4つの資金のうち、①生活資金と④緊急資金は、減らすことができない、しっかり確保しておかなければならないお金です。

ですから、**①と④の資金は、元本保証があり、かつ、すぐに引き出すことができる金融商品に預けておく、つまり貯蓄する**ようにします。

②使用予定資金は、目的や運用期間に合わせて、運用方法を検討していきます。

また、③の余裕資金については、積極的に増やすお金と考えることができます。

ですから、**②については安全性が高く、かつ通常の預貯金よりも高い利回りを目指す金融商品での運用**が考えられます。そして、**③は投資に回すなどの積極的な運用**を検討していくとよいでしょう。

お金を4つの資金に分類する

手元のお金・収入 → 4つに分類

資金	
① 生活資金	しっかり貯蓄で確保しておく
② 使用予定資金	運用方法を検討
③ 余裕資金	積極的に運用
④ 緊急資金	しっかり貯蓄で確保しておく

余裕資金がない場合

余裕資金がなければ、お金を投資に回すことはできませんが、次のような方法で資金を確保することができるかもしれません。

●家計を見直してみる

☞無駄な支出がないかをチェック

●収入の一部を先に貯蓄する

☞先に貯蓄をして、残りのお金の範囲で家計をやりくり

はみ出しメモ 病気など急な出費に備えるためのお金が緊急資金。年齢や家族構成、収入・支出などによって異なるが、目安は生活費の3カ月～1年分程度。少なくとも生活費3カ月分の確保が望ましい。

05

「安全性」「流動性」「収益性」がポイント

金融商品を選ぶための3つの基準

金融商品もそれぞれ性格が異なる!?

資産運用を行う際には、金融商品を選ぶ必要があります。ただし、一口に金融商品といっても、銀行などの預金のほかに、投資信託、株式、債券、保険など、さまざまな商品があります。そして、金融商品も人と同じように、それぞれ性格が異なり、長所や短所があります。ですから、金融商品を選ぶときには、それぞれが持つ性格を比較し、目的に合った商品を選択する必要があります。

金融商品の3つの基準

金融商品の性格を知るための手がかりとして、「安全性」「流動性」「収益性」の3つの基準があります。

安全性とは、金融商品に充てたお金がどの程度保証されるのか、目減りしたり、期待していた利益が得られなくなったりする可能性がないかという基準です。

流動性とは、お金が必要になったときにいつでも引き出せるか、どのくらい自由に現金に換えることができるかという基準です。金融商品によっては、すぐには換金できなかったり、中途解約するためには手数料などのコストがかかったりするものがあります。

収益性とは、その金融商品で運用することによって、どれだけ収益(利益)が期待できるのか、期待される利益が多いか少ないかといった基準です。

すべてを満たす金融商品はない

このように、金融商品には3つの基準がありますが、これら3つの基準のすべてを満たしている金融商品はありません(次ページの図にあるように、安全性と収益性、収益性と流動性は両立しない)。

ですから、使う時期や目的などに合わせて、3つの基準をもとに、金融商品を組み合わせていくことが大切です。

「金融商品の3つの基準」

安全性 → 目減りしないかどうか？
㊍安全性が高い商品…預貯金など

流動性 → いつでも引き出せるかどうか？
㊍流動性が高い商品…預貯金など

収益性 → どれだけ収益が期待できるか？
㊍収益性が高い商品…株式・投資信託など

「3つの基準をすべて満たす金融商品はない」

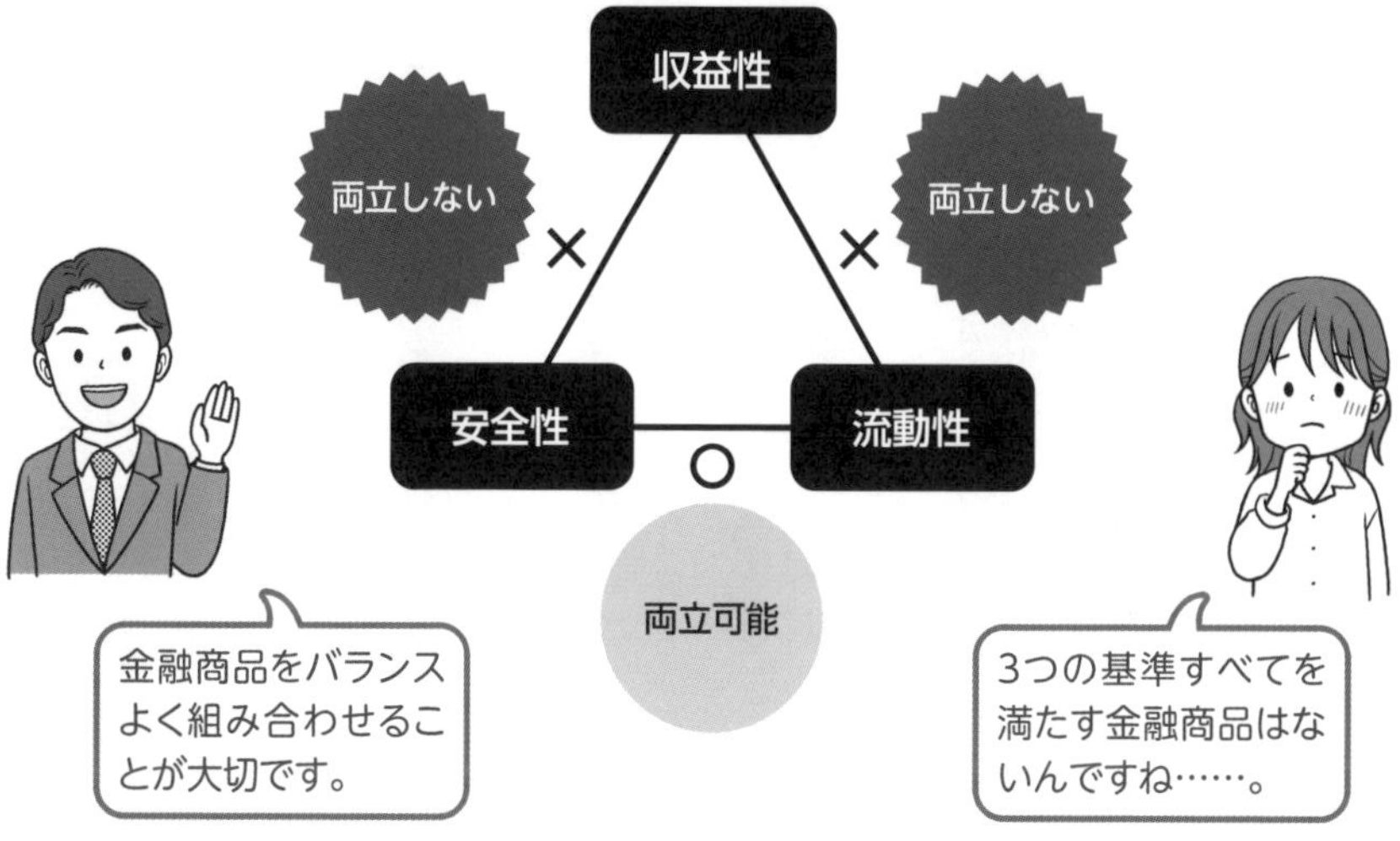

Column 4つの資金に適した金融商品

- 生活資金・緊急資金…減らしてはいけないことはもちろん、いつでも現金化できて、使えるようにしておく。安全性・流動性の高い預貯金などが適している。
- 使用予定資金…使う予定が決まっているので、使う時期に満期を合わせた定期預金などにすれば、通常の預貯金よりも少しは高い利回りを目指せる。
- 余裕資金…ほかの資金よりも大きく増やしたいので、株式や投資信託など、収益性が高い金融商品での運用を検討。

用語　**定期預金**　はじめに預け入れ期間を決めて利用する預金。1年、2年、3年後などの満期日まで基本的に引き出すことはできないが、普通預金にくらべて金利は高い。

06

表裏一体の関係！

リスクとリターンを理解しよう

リスク・リターンとは？

これまでにもリスクとリターンという言葉を使ってきましたが、資産運用では、このリスクとリターンの関係を理解しておくことが大切です。

まず、金融商品の**「リターン」とは、お金を金融商品などで運用した結果、得られるもののこと**です。得られるといっても利益が得られることもあれば、損失（マイナスのリターン）が出ることもあります。

そして、「リスク」と聞くと「危険」というイメージを持つかもしれませんが、ここでいう**「リスク」とは、リターン（利益や損失）の振れ幅の大きさのこと**です。

リスクとリターンの関係は？

このリターンとリスクは、**「高いリターンを得ようとすると、リスクも高まる**（ハイリスク・ハイリターン）」、「**リスクを低く抑えようとすると、リターンも低くなる**（ローリスク・ローリターン）」という関係にあります。ですから、**リスクとリターンは表裏一体の関係にある**といわれます。大きなリターン（利益）が期待できる金融商品ほど、価格が上がったり下がったりという値動きの幅（振れる幅）も大きくなります。大きく値上がりすることもあれば、逆に大きく値下がりすることもあるので、結果的に大きな損失が生じる可能性も高くなります。

反対にリスクが小さい金融商品は値動きの幅も小さくなるので、大きく値下がりする可能性は低い反面、期待できるリターンも小さくなります。元本割れなどのリスクが少ない金融商品ほど、利回りは低いというわけです。

金融商品を選ぶときには、このリスクとリターンの関係を踏まえたうえで、**自分にはどのくらいリスクを取る余裕があるのか、また運用の目的などをよく考えて、金融商品を選択することが重要です。**

リスクとリターンのイメージ

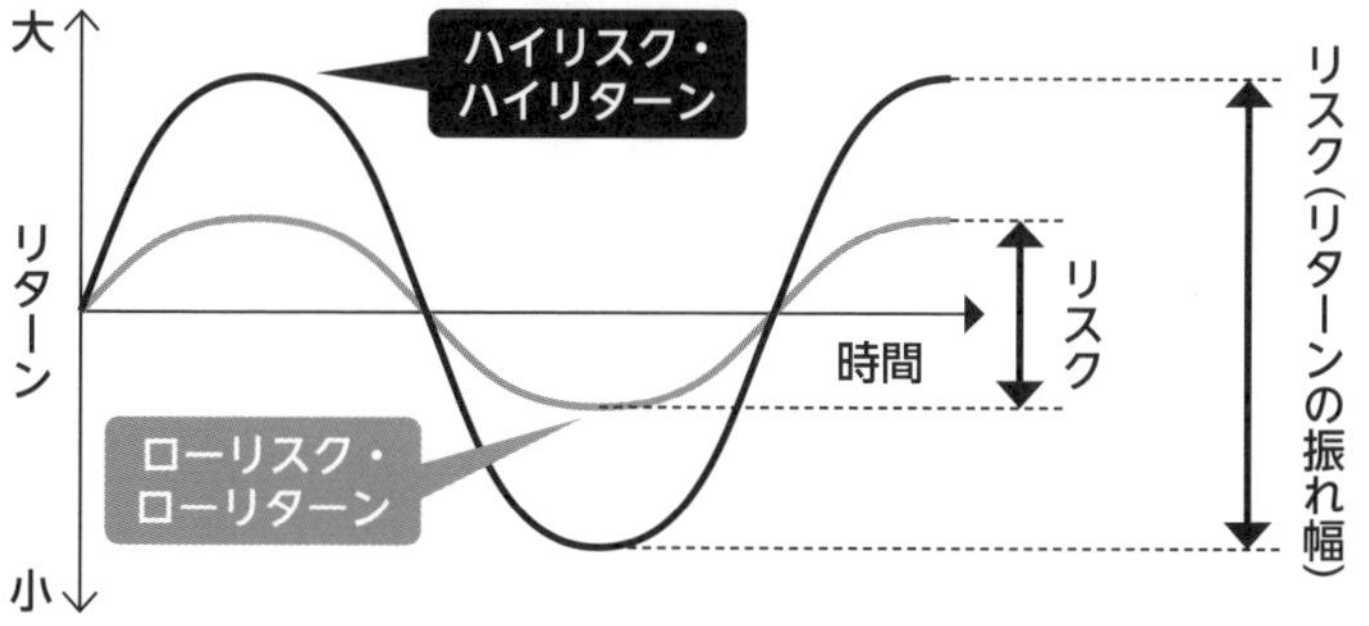

金融商品のリスクとリターンのイメージ

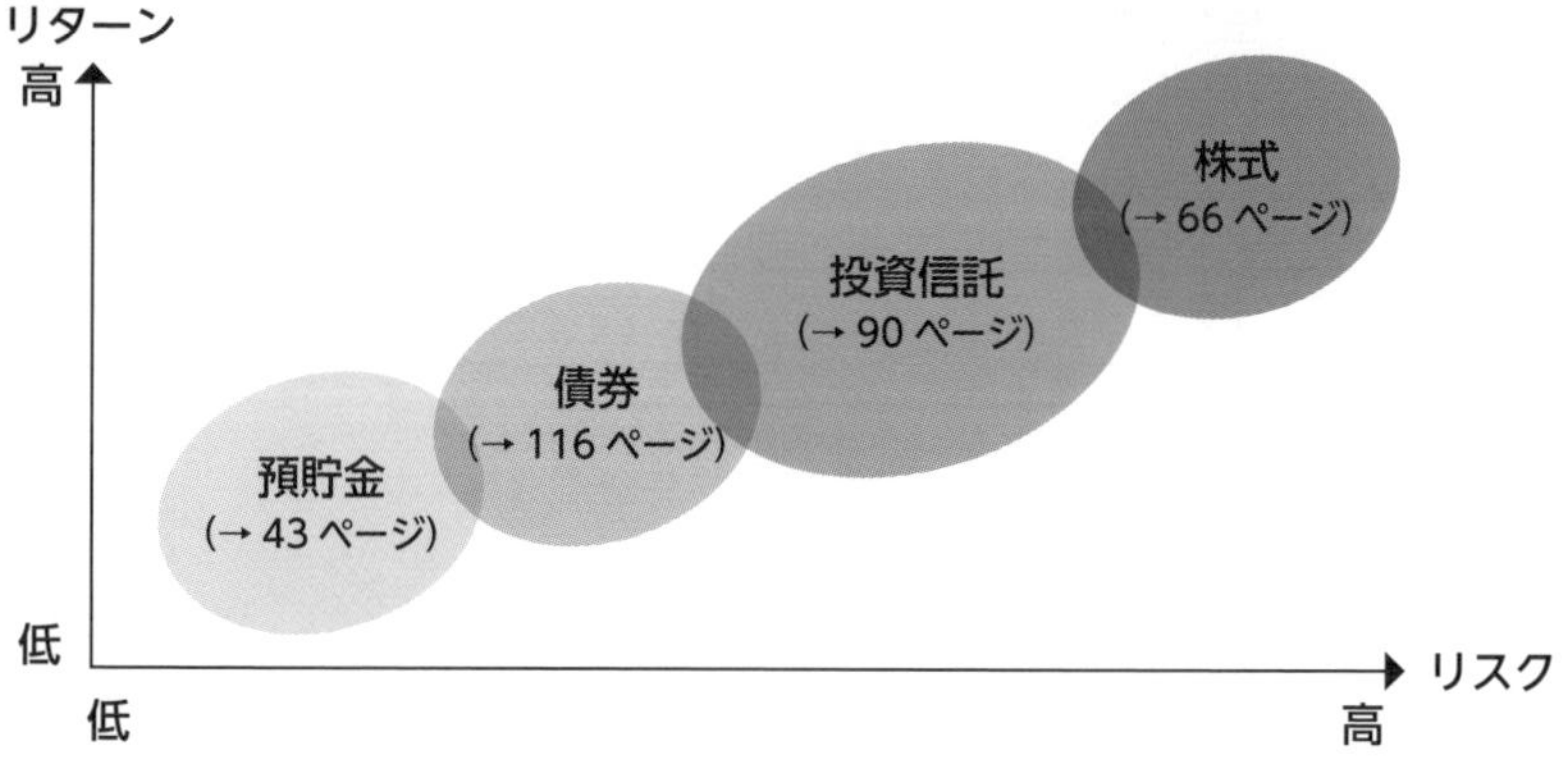

※これはあくまでイメージ図なので、必ずしもこの図のとおりであるとは限らない。

上の図は金融商品のリスクとリターンのイメージを表したものです。投資対象の金融商品によってリスクとリターンは大きく異なります。株式はハイリスク・ハイリターンなのにくらべ、預貯金はローリスク・ローリターンです。また、投資信託は投資対象によってリスク・リターンが大きく異なります。このなかで、NISAの対象となっているのは投資信託と株式です。

はみ出しメモ 金融商品にはさまざまなリスクがある。金融商品の価格が値下がりする「価格変動リスク」のほか、「信用リスク」「為替リスク」「カントリーリスク」などが生じる場合がある。

07

どれだけリスクを受け入れられるか？

リスク許容度に応じた運用を心がけよう！

リスク許容度はリスクを受け入れられるかを示すバロメーター

資産運用にはリスクがつきものですが、リターンがマイナスに振れてしまった場合、どれくらいまでならマイナスを受け入れられるかの度合いのことを「リスク許容度」といいます。言い換えれば、リスクをどれくらい受け入れられるかを示すバロメーターのことです。

リスク許容度は人によって異なり、運用にかけられる期間や年収・資産の多さ、投資経験、その人の性格などによって違います。たとえ同じ年齢・収入の人でも、リスク許容度は人によって異なります。

リスク許容度に影響を与える主な要素

年齢

若い人、長い時間をかけて運用できる人ほど、たとえ損失を出しても、資金が必要な時期までに損失をカバーできる時間があるので、リスク許容度は高い傾向になる。

性格

冒険派（リスクテイク志向）か慎重派（安定志向）か。他の要素でリスク許容度が高い傾向にあっても、資産が目減りすることに抵抗がある場合などは、リスク許容度は低い傾向になる。

資産・収入

持っている資産が大きい、収入が多い人ほど、運用に回せるお金が多くなるので、リスク許容度は高い傾向になる。

投資経験

投資経験が豊富にある人のほうが、リスク許容度は高くなる傾向にある。

リスク許容度に応じた運用

　運用する**金融商品を選択する際には、自分のリスク許容度と投資対象のリスクを踏まえたうえで判断する**ことが重要です。

　リスク許容度が高い場合は、ある程度リスクを取って積極的な運用も検討できますが、**リスク許容度が低い場合は、リスクを抑えた安定的な運用を行うのが基本**です。

　もし、リスク許容度を超えてハイリスク・ハイリターンの投資を行えば、投資対象の動向が気になって仕事が手につかなくなったり、大きな損失を被った場合には将来の生活に多大な支障を及ぼすことになったりします。ですから、くれぐれも**自分自身のリスク許容度に応じた資産運用を心がけましょう。**

「リスク許容度に応じた資産運用」

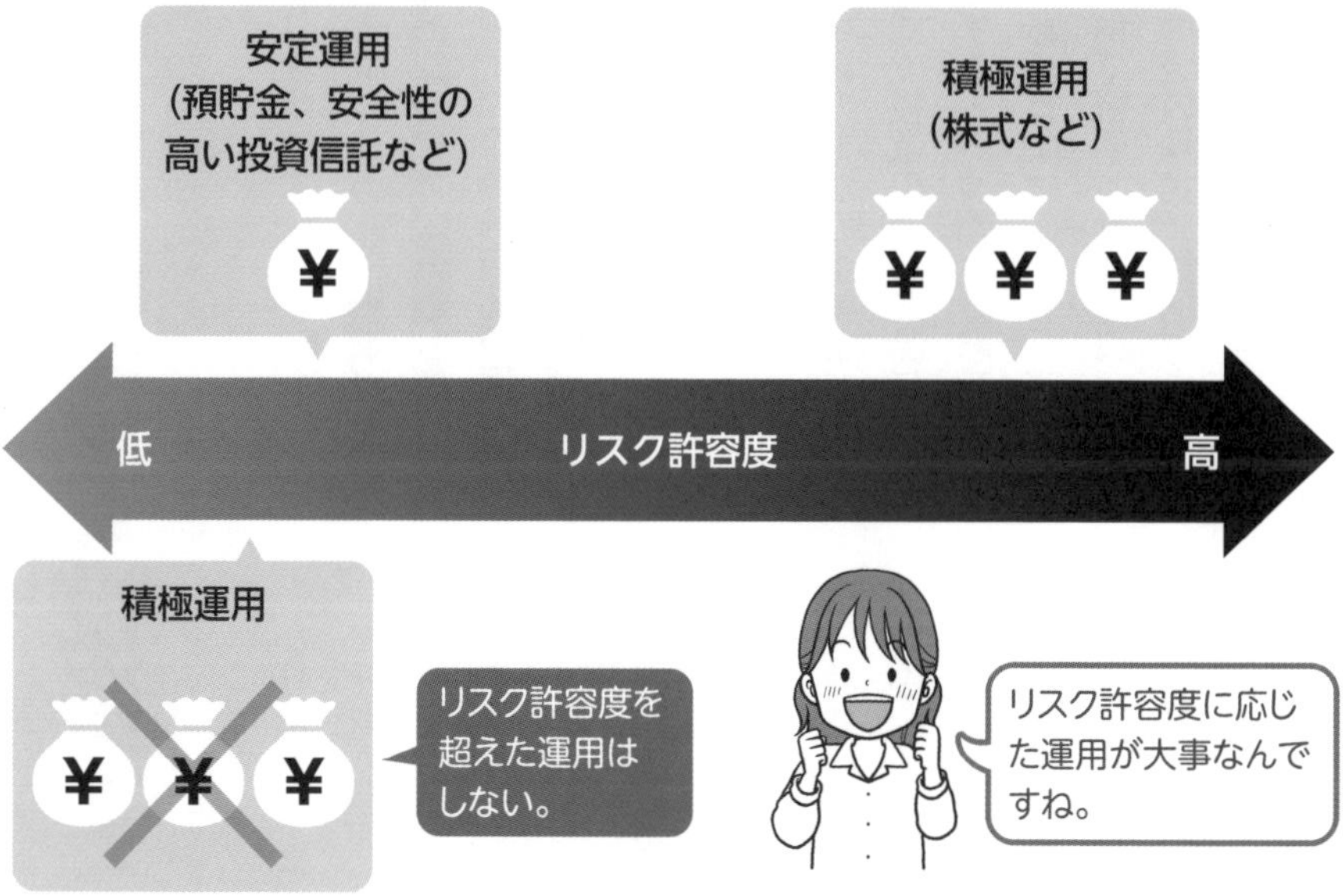

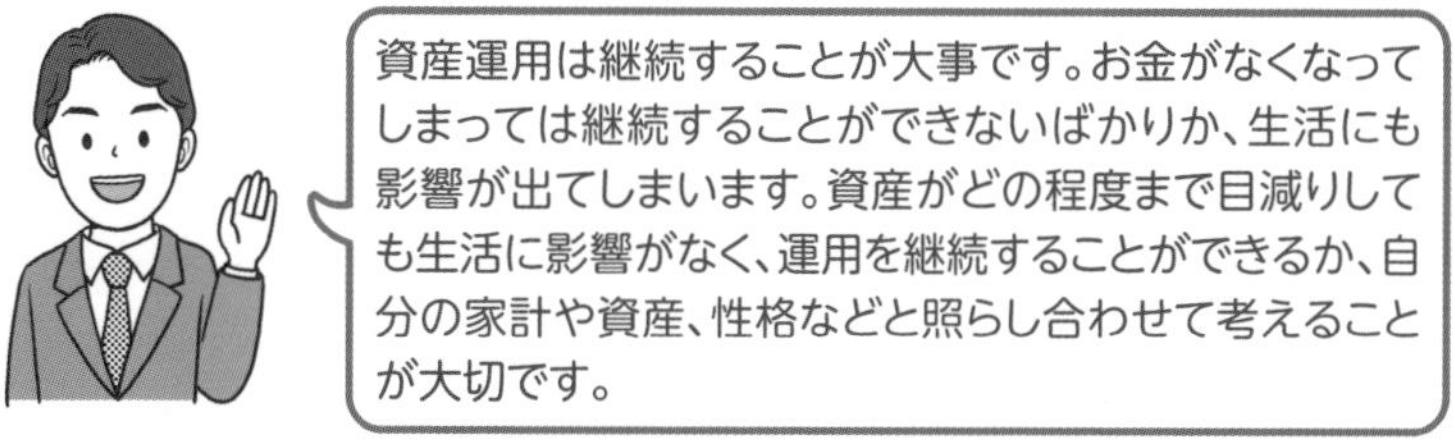

はみ出しメモ　家族構成によってもリスク許容度が異なる。家族が少ない人は、家族が多い人に比べて支出が少ないので、投資に回せるお金が比較的多く、リスク許容度は高くなる傾向にある。

08

複数の金融商品に分散して投資する

分散投資でリスクを減らしてリターンを安定させる

これまで見てきたように、金融商品にはリスクがつきものですが、リスクの高い金融商品で運用する場合、そのリスクを減らしてリターンを安定させる方法があります。

それは**お金を分散して投資する分散投資**です。

「卵は1つのかごに盛るな」という格言があります。すべての卵を1つのかごに盛っている場合、そのかごを落としてしまったら、卵はすべて割れてしまいます。しかし、複数のかごに分けて卵を盛れば、1つのかごが落ちてしまっても、ほかのかごの卵は無事です。

これと同じように、**資金を複数の金融商品に分けて（分散して）投資すれば、1つの金融商品の価格が値下がりしても、資金の全体の値下がりを防ぐ**ことができます。

金融商品を分散させる

分散投資の方法の1つとして、複数の株式や複数の金融商品に分散して投資するといった「金融商品の分散」があります。

卵の例で説明したように、資金の全部を1つの株式（銘柄）に投資するのと、複数の株式（銘柄）に分散して投資するのとでは、リスクが異なります。1つの株式だけに投資してそれが値下がりすれば、投資したすべての資金が減ってしまいます。

これに対して、複数の株式に投資していれば、ある株式が値下がりしても、ほかの株式は値上がりすることがあるので、リスクを減らすことができます。

株式に限らず、1つの金融商品に集中して投資するのではなく、**株式のほかにも、預貯金、投資信託など、さまざまな金融商品にバランスよく投資する**ことによって、価格変動によるリスクを減らすことができるのです。

金融商品の分散

複数のかごに分けて盛れば、
割れるのは落としたかごの卵だけ

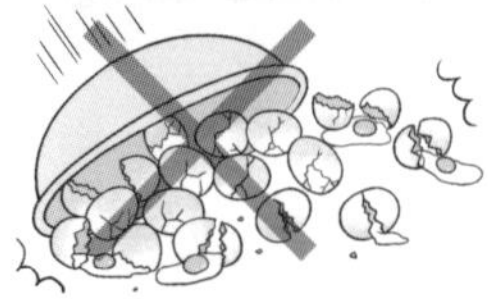

卵を１つのかごに盛っていると、
すべての卵が割れてしまう

金融商品も卵と同じように
分散させる

１つに投資

¥ 120万円 → A社株式　120万円 →（A社が倒産すると）→ ~~A社株式　120万円~~

分散して投資

¥ 120万円 →
- A社株式　30万円 →（A社が倒産すると）→ ~~A社株式　30万円~~
- B社株式　30万円
- C社株式　30万円
- D社株式　30万円

B社・C社・D社株式 ＞ 90万円

A社が倒産してもほかの株式は残る

はみ出しメモ 特定の業種に集中して投資すると、株式の値動きの傾向が似るので、値下がりしたときの損失が拡大する可能性がある。銘柄を分散させるときは、業種や値動きが異なる銘柄に投資する。

09 投資の基本！「分散投資」②

「地域」と「時間」を分散させる

地域を分散させる

さらに分散投資について、説明していきましょう。

分散投資では、**金融商品を分散させるだけでなく、地域（エリア）を分散させる**方法もあります。

投資する地域は大きく分けると「日本国内」と「海外」の2パターンがあり、海外はさらに細かく「アメリカ」「中国」といった国ごとや、「欧州」「アジア」といったエリアごと、「先進国」「新興国」などのように分けられます。

日本の景気がよくないときでも、世界には景気のよい国もあります。為替相場の動きもさまざまで、為替相場の動きによって、収益にプラスに働いたり、マイナスに働いたりします。さまざまな国や地域の金融商品への分散投資によって、リスクを分散させることができます。

また、「円」だけではなく「ドル」でも資産を持つなど、**通貨を分散させることも有効**です。

時間を分散させる

一時に資金を投入するのではなく、**時期をずらして投資していく「時間（期間）の分散」も重要です。**

投資では、安い値段で買って、高い値段で売ることができれば利益を得ることができます。ただし、株式や為替相場などの動きを確実に読むことはできません。買う時期を誤ると、高値で買ってしまうこともあり、場合によっては損失を被ることもあります。

そこで、投資するタイミング（期間）の分散が有効です。

投資する時期を分散することで、高値で買ってしまうリスクを減らすことができます。

資産運用を行う際には、このような分散投資で、**リスクを減らしてリターンを安定させる**ことを考えていきましょう。

地域と時間の分散

●地域と通貨を分散させる

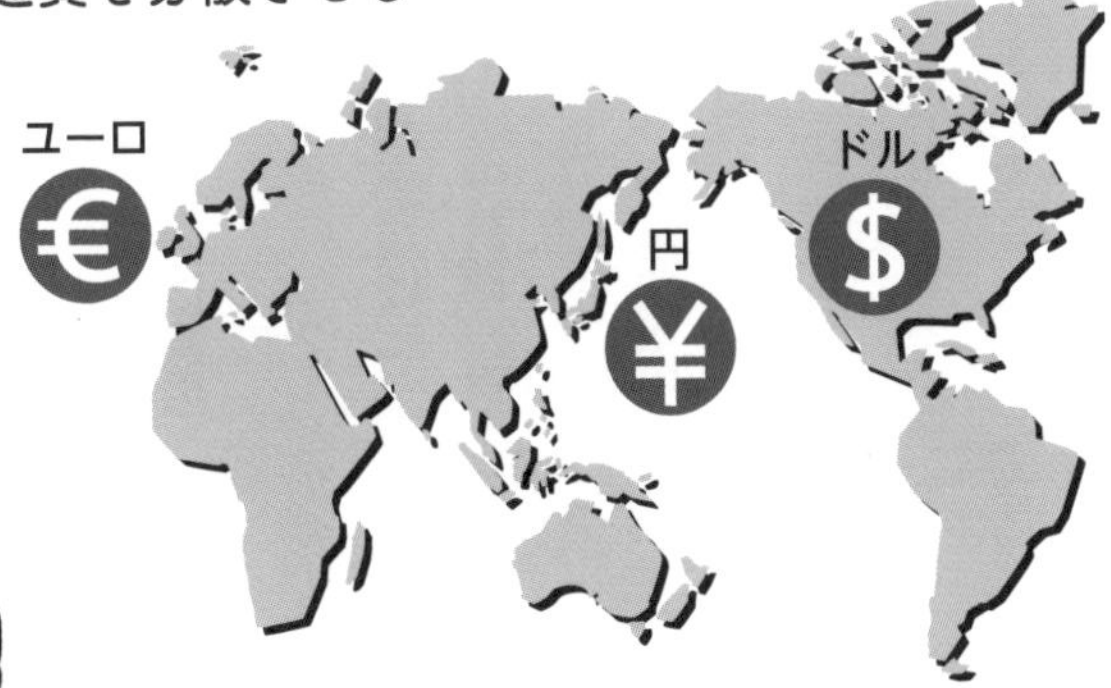

●異なる金融商品、異なる地域に分散させる

日本株式	日本債券
海外株式	海外債券

●時間を分散させる

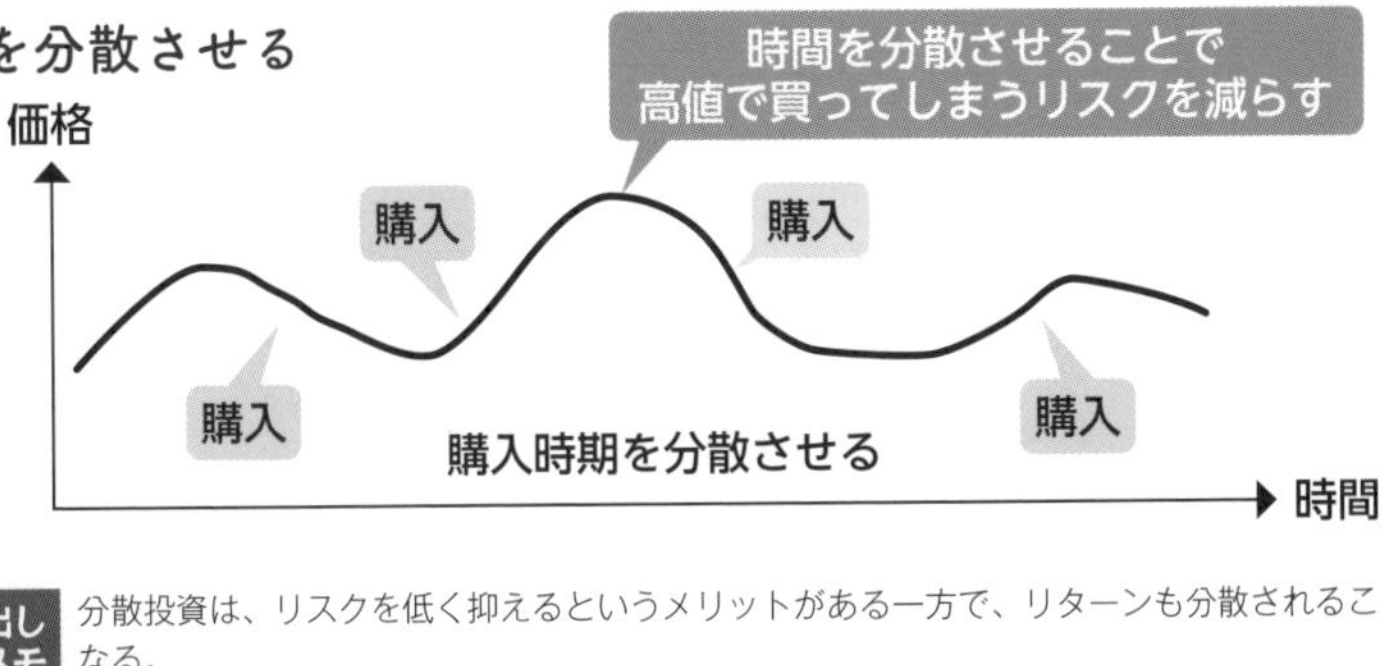

はみ出しメモ　分散投資は、リスクを低く抑えるというメリットがある一方で、リターンも分散されることになる。

資産運用は中長期的な視点で！

複利効果で効率的に運用

資産運用は気長に行うことが大切です。目先の結果だけに一喜一憂するのではなく、中長期の視点で考えていかなければなりません。つまり、長く運用を続ける長期運用です。

価格が変動する商品は、短期間で売買するときは、値上がりや値下がりの動きに合わせて大きく収益を得られることもあれば、損失を被ることもあります。しかし、10〜30年という長い期間で見た場合、一時的に価格が下がっても、長い目で見れば価格が上がることもあるため、長く保有すればするほど、リスクを軽減する効果があるといわれています。長い期間運用を行うと複利の効果が大きく働きます。運用から生じた利子や配当を再投資して継続的に運用を行うことで、効果的にお金を増やしていくことができます（複利については62ページのコラムを参照）。

一定額ずつ継続購入する ドル・コスト平均法

長期にわたって一定金額の投資を継続することでリスクを分散する効果が得られることがあります。具体的には、株式などのように価格が変動する商品を定期的に購入する際に、毎回の投資金額を一定額とする方法です。これをドル・コスト平均法（定額購入法）といいます。

ドル・コスト平均法は、価格が低いときにはより多く、価格が高いときにはより少なく買い付けることになります。ですから、いわゆる「高値づかみ」（最も高い値段だけで買うこと）を避けることができます。

そして、この方法を継続していくと、毎回同じ量を買い付けていく場合にくらべ、平均の買付単価が低くなるという効果が得られます。

ドル・コスト平均法の効果

同じ銘柄の株式を毎月一定金額（12,000円）ずつ購入する場合と、毎月一定株数（10株）ずつ購入する場合を見てみましょう。
　毎月12,000円ずつ購入した場合、購入金額は合計72,000円、購入株数は61株になります。平均の買付単価は、72,000円÷61株＝1,180・3…円です。一方、毎月10株ずつ購入した場合、購入金額の合計は77,000円、購入株数は60株となり、平均の買付単価は、77,000円÷60株＝1,283・3…円になります。

　つまり、**毎月一定金額ずつ購入したほうが、平均の買付単価が100円以上低くなっている**わけです。

　このように長期的に一定金額の投資を継続することで、時間の分散効果が得られます。

　長期運用は時間を味方につけた運用といえるでしょう。

ドル・コスト平均法の効果

一定金額（12,000円）を購入（ドル・コスト平均法）

	1月	2月	3月	4月	5月	6月	合計
株価	1,200	1,000	800	1,500	1,200	2,000	—
購入金額	12,000	12,000	12,000	12,000	12,000	12,000	**72,000**
購入株数	10	12	15	8	10	6	**61**

平均買付単価
1,180.3…円

一定数量（10株）を購入

	1月	2月	3月	4月	5月	6月	合計
株価	1,200	1,000	800	1,500	1,200	2,000	—
購入金額	12,000	10,000	8,000	15,000	12,000	20,000	**77,000**
購入株数	10	10	10	10	10	10	**60**

平均買付単価
1,283.3…円

はみ出しメモ　金融商品の購入時には手数料がかかる。毎回の購入の際のコストにも注意する必要がある。

コラム　金利と利回りとは？

資産運用では、「金利」と「利回り」という言葉がよく登場します。

「金利」とは、預貯金などの元本に対する利息（利子）※の比率のことをいいます。通常、金利は年１回どれだけ利息がつくのかという年率で表示されます。

一方、「利回り」は、一定期間の投資元本に対する利息や収益の割合のことをいいます。そして１年単位の割合を表したものを「年平均利回り」といいます。

利息のつき方には、「単利」と「複利」という２種類があります。

単利は、元本に対して毎回一定の利息がつきます。それに対して、複利はついた利息が元本に組み込まれます。このため、複利では利息がプラスされて増えた元本に対して、さらに利息がつくことになります。ですから、同じお金を同期間、同じ金利で運用した場合、複利のほうが有利になります。

※利息と利子は同義で使われることが多い。

単利と複利

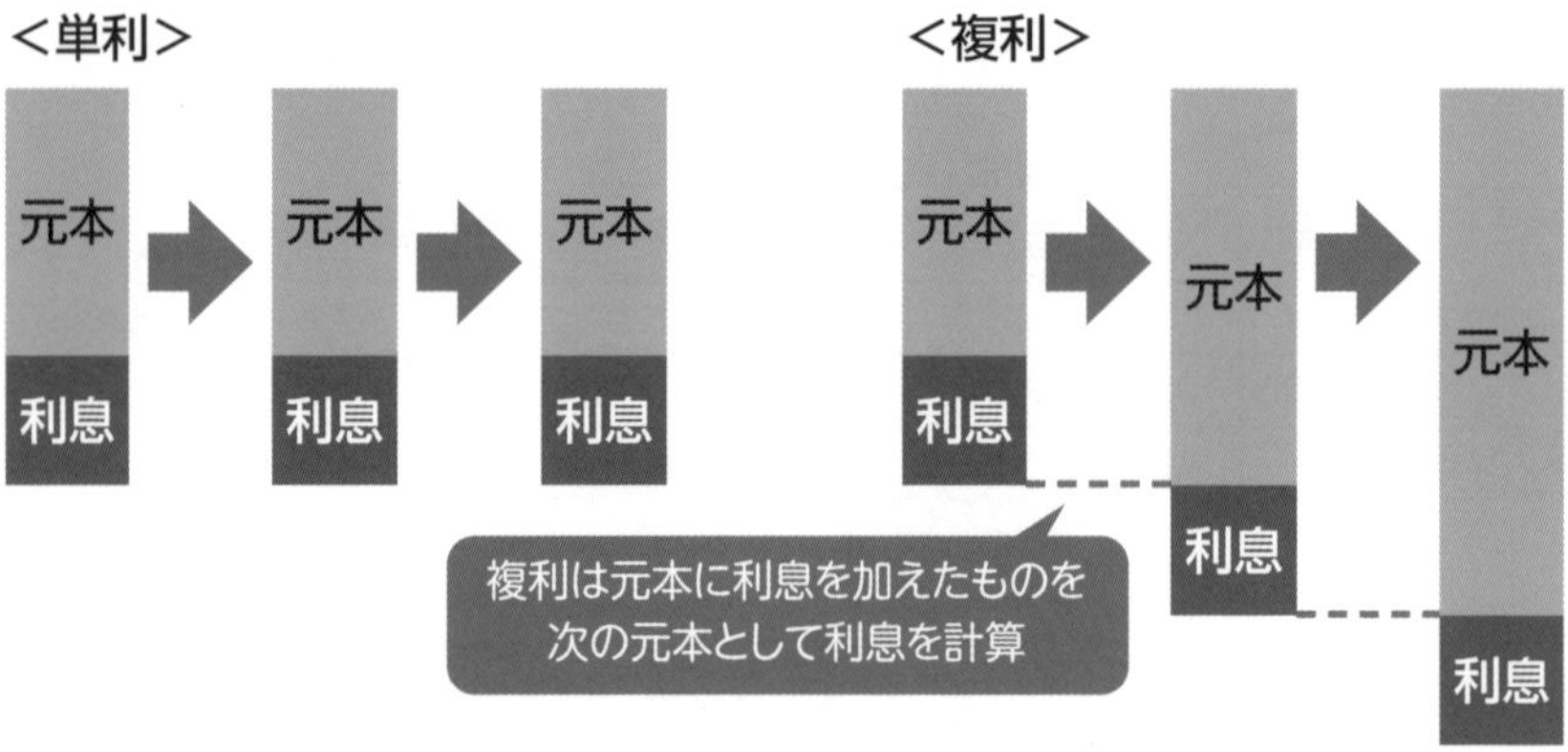

例：100万円を年率２％で３年間預け入れた場合の満期時の元利合計

＜単利＞

$$100\text{万円} + \left(100\text{万円} \times \frac{2}{100} \times 3\text{年}\right) = 1{,}060{,}000\text{円}$$

＜複利＞

$$100\text{万円} \times \left(1 + \frac{2}{100}\right)^{3} = 1{,}061{,}208\text{円}$$

※税金等を考慮していない。

第3章

投資の代表「株式投資」

株式投資は投資の代表ともいえるものです。値上がり益や配当、株主優待などの魅力がありますが、一方で価格が値下がりするリスクなど、注意点もあります。株式投資の基本から解説していきます。

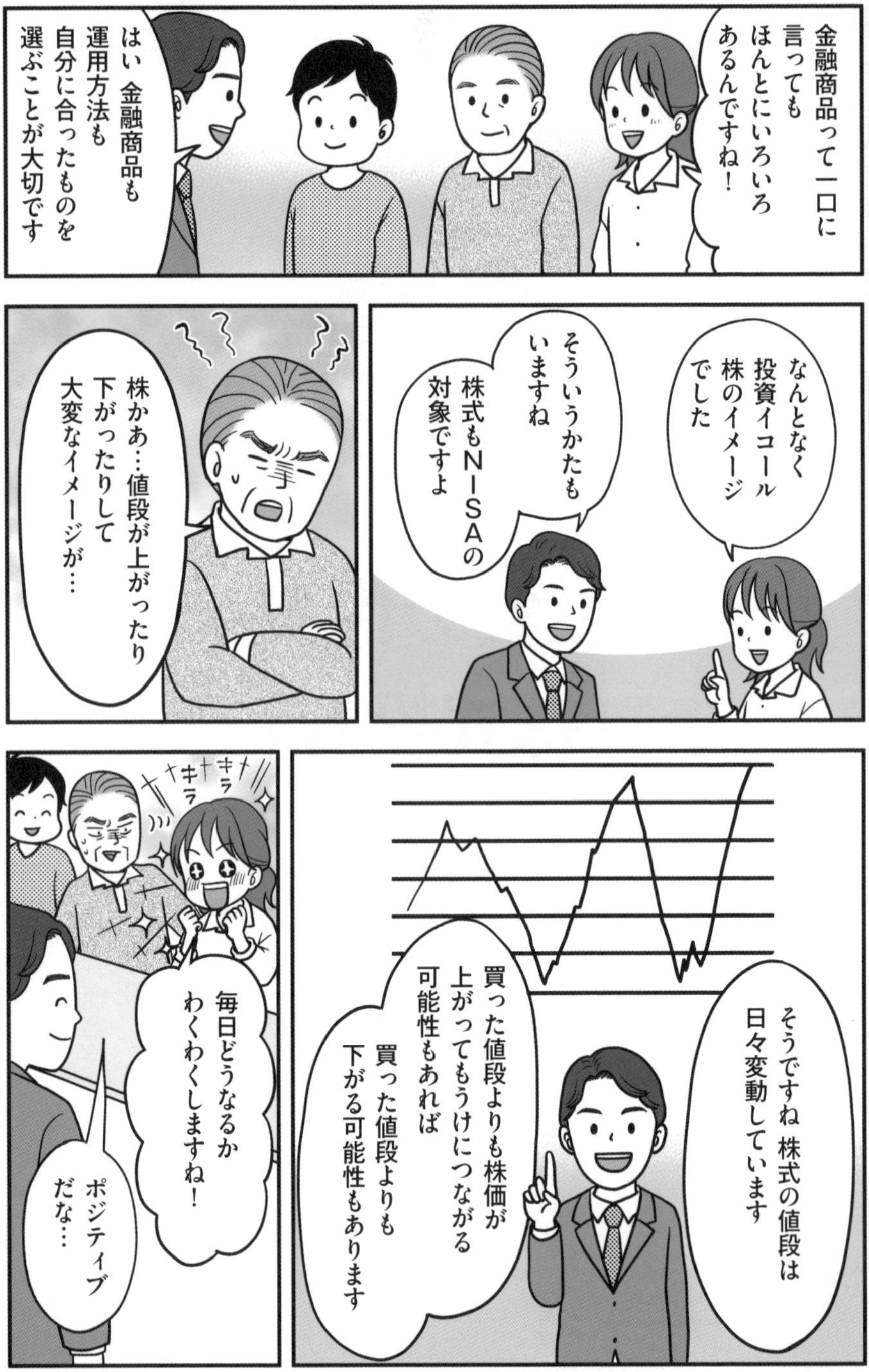
金融商品って一口に言ってもほんとにいろいろあるんですね！
はい 金融商品も運用方法も自分に合ったものを選ぶことが大切です
なんとなく投資イコール株のイメージでした
そういうかたもいますね 株式もNISAの対象ですよ
株かあ…値段が上がったり下がったりして大変なイメージが…
そうですね 株式の値段は日々変動しています
買った値段よりも株価が上がってもうけにつながる可能性もあれば 買った値段よりも下がる可能性もあります
キラキラ
毎日どうなるかわくわくしますね！
ポジティブだな…

はいっ!
ところでNISAの2つの投資枠は覚えていますか?
つみたて投資枠と成長投資枠ですね!

	つみたて投資枠	成長投資枠
非課税保有限度額（非課税で投資できる上限）	1,800万円（うち成長投資枠1,200万円）	
年間投資額（1年間で投資できる上限）	120万円	240万円
購入できる商品	一定の投資信託・ETF	上場株式・投資信託・ETF・REIT

株式はこのうち成長投資枠を利用することになります
うーん
うーん 株ねえ… うちもやってるんだけど…
どうですか?
だいぶ前に買いまして 最近は売買はしてませんね… 株主優待はいいんですが どうするべきですかね?
妻が好きなメーカーで毎年商品が届くんですよ
いーいなー
株式を長期的に保有していくという長期運用も大事な視点ですよ
株式投資のしくみやメリットとデメリット、銘柄の選びかたなどについてくわしく解説していきましょう

01

まずは基本的なしくみを知ろう!

株式投資のしくみとは?

そもそも株式とは?

投資の代表ともいえるのが株式投資です。NISAでは、成長投資枠を利用して株式に投資することができます。まずは「そもそも株式とは」という基本的なところから説明していきましょう。

株式は、会社が活動していくのに必要な資金を集めるために発行されます。

会社が活動していくためには、事務所や工場等の設備、商品をつくったりサービスを提供したりするための資金が必要です。その資金を、大勢の個人やほかの会社等から提供してもらい、それを元に活動し、利益を上げることを目的とした会社が株式会社です。

会社の活動のために資金を出す人を、一般に出資者あるいは投資家といいますが、とくに**株式会社への出資者は株主と呼ばれます。**

株式会社とは、株主で構成された会社ということになります。

株式は証券取引所で売買される

株式は会社が発行するものですが、会社と直接売買するわけではありません。一般的に、株式は証券取引所で売買が行われています。**証券取引所では、財務状況や経営状態など一定の基準を満たす会社（上場会社）の株式が売買されています。**

上場している株式は証券取引所で売買されていますが、株式を買おうと証券取引所に行っても、直接購入することはできません。証券取引所の取引参加者である**証券会社が窓口となって、株式の売買が行われます。**

ですから、株式を買うときは、証券会社を通じて購入することになります。

また、持っている株式を売るときも同様に、証券会社を通じて売却することになります。

株式のしくみ

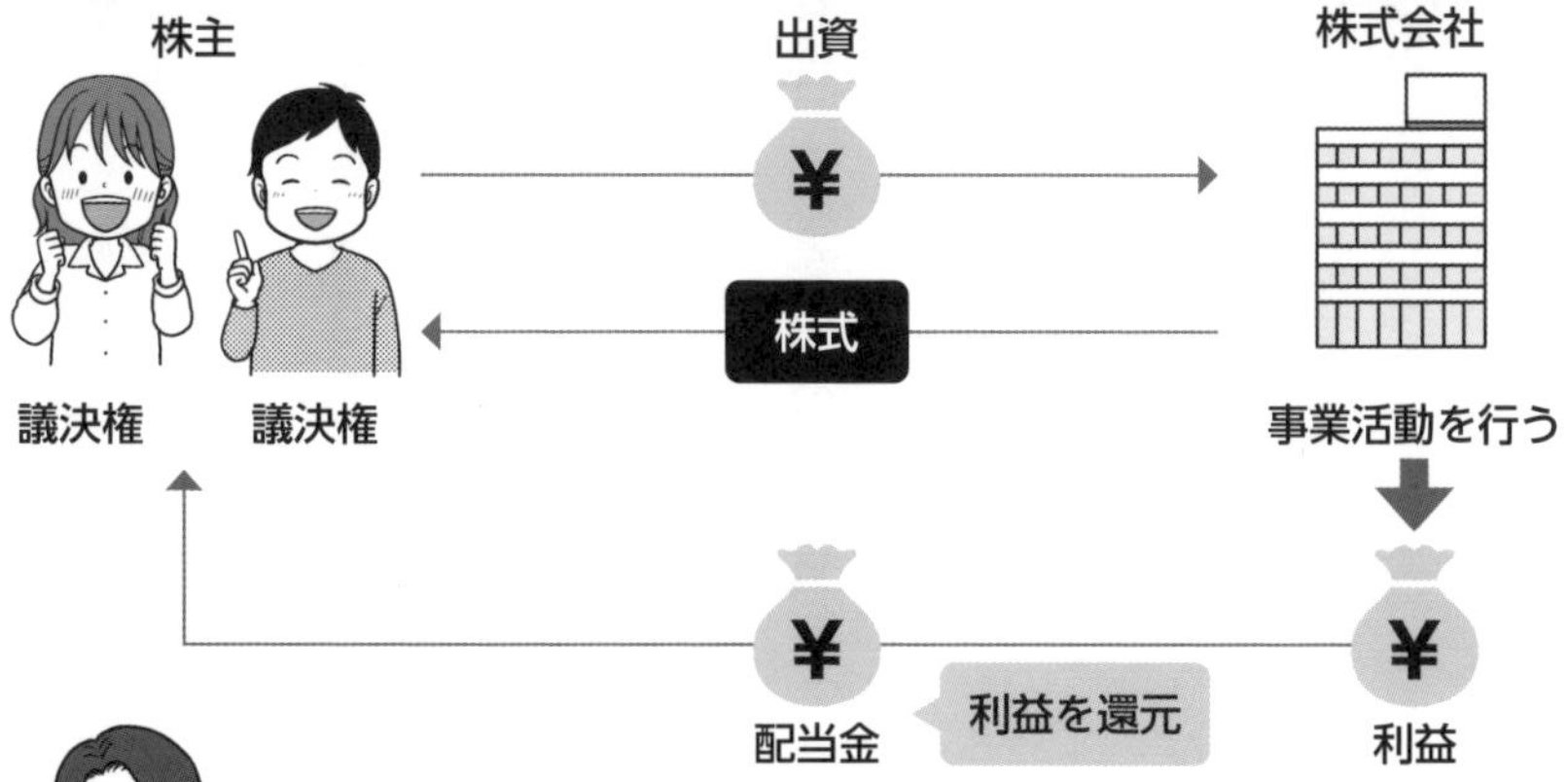

株主は株式会社の出資者なので、会社が事業活動を行って利益が出たら、その利益の還元として配当金を受け取ることができます。また、株主総会に参加して議決に参加する権利(議決権)などを持ちます。

株式投資のしくみ

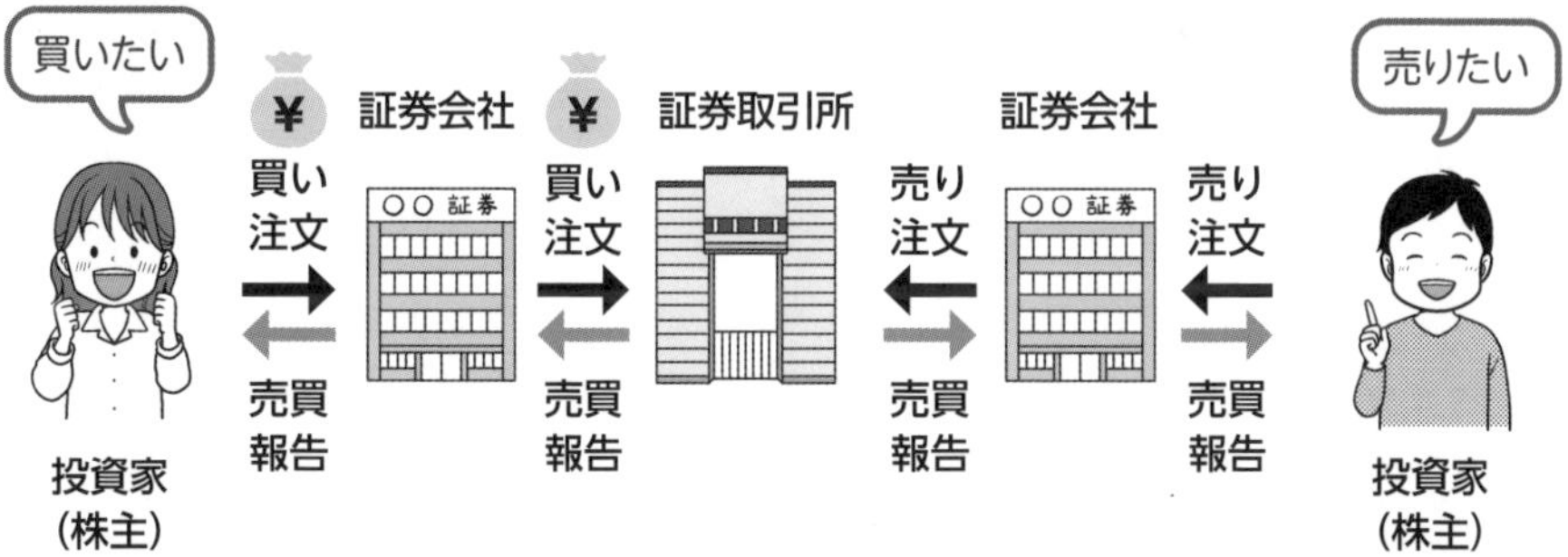

株式を売ってくれるのは、株式会社や証券会社ではなく、株式を売りたいと考えているその会社の株主です。ある会社の株式が欲しいという投資家のニーズと、その会社の株式を売りたいと考えている株主のニーズを、証券会社や証券取引所が結びつけているというしくみになっています。

用語

上場　株式が証券取引所で売買されるようになることを上場といい、上場された会社を上場会社という。上場会社は証券取引所が定めた細かな上場基準をクリアしている。

3つのメリットがある

株式投資のメリットとは？

値上がり益を得ることができる

前項で見たとおり、証券取引所に上場されている株式は、証券会社を通して自由に売買することができます。ですから、株式を**安く買って高く売れば、その差額分の「値上がり益」を得る**ことができます。

たとえば、10,000円で買った株式を15,000円で売ることができたら、差額の5,000円の値上がり益を獲得できます。この**株価の値上がりによって得る収益を「キャピタルゲイン」**といいます。

安全性が高い反面、収益性には限度がある預貯金に対して、株式投資は大きな収益が期待できます。とくに、現在のような預貯金の金利が低い状況では、大きな魅力です。ただし、必ず値上がりするわけではなく、値下がりすることもあるので注意が必要です。

配当金を受け取ることができる

すでに触れましたが、**利益の還元として配当金を受け取る**ことができます。値上がり益の場合は、株価の10%、20%といった大きな利益を狙うことが可能ですが、配当金は数%程度です。

ただし、値上がり益は、うまく株価が値上がりしなければ、利益を得ることができません。この点、配当は比較的着実に利益を得ることができる方法といえるでしょう。

なお、**配当で得る利益を「インカムゲイン」**といいます。

株主優待が受けられる

株式投資は、**株主優待が受けられる**こともあります。これは配当と同じく、株主に対して会社の利益を還元する制度です。株主優待の内容は、自社の製品や割引券など、その企業によってさまざまです。この株主優待も株式投資のメリットの1つといえるでしょう。

株式投資の3つのメリット

●メリット① 値上がり益

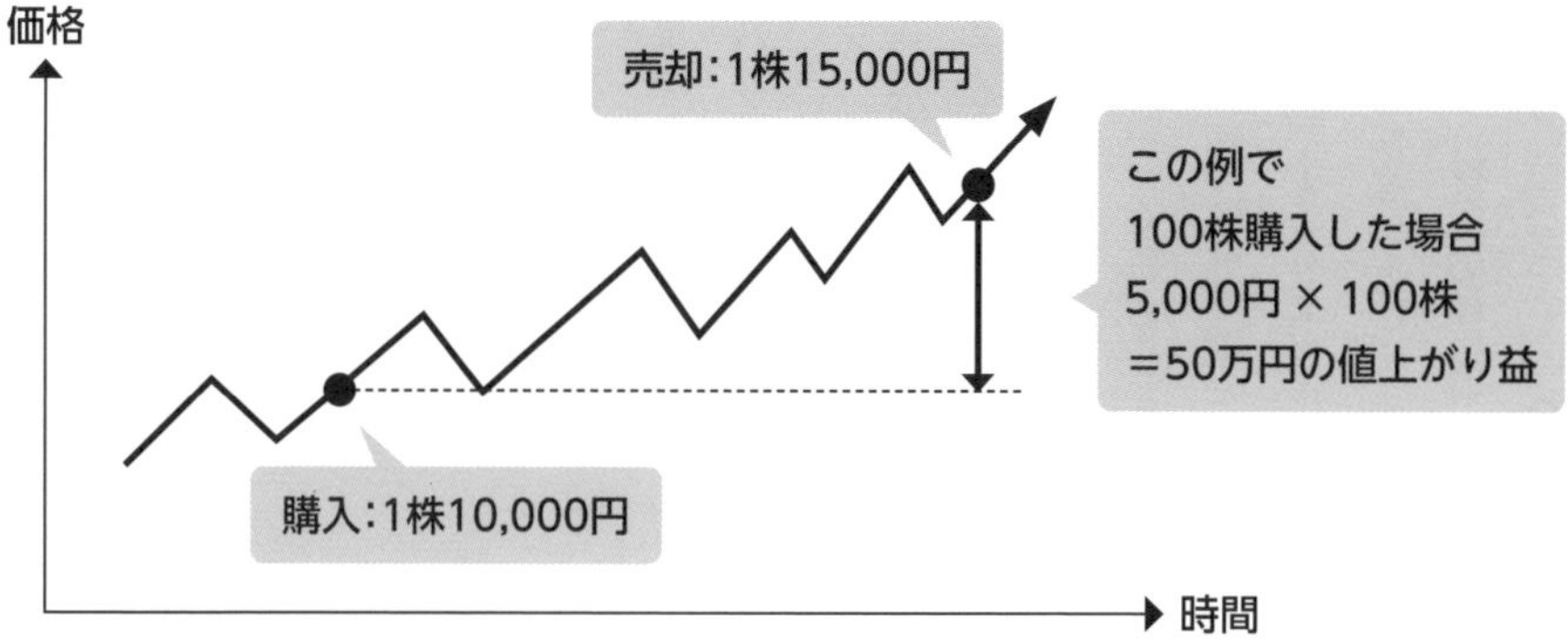

●メリット② 配当金

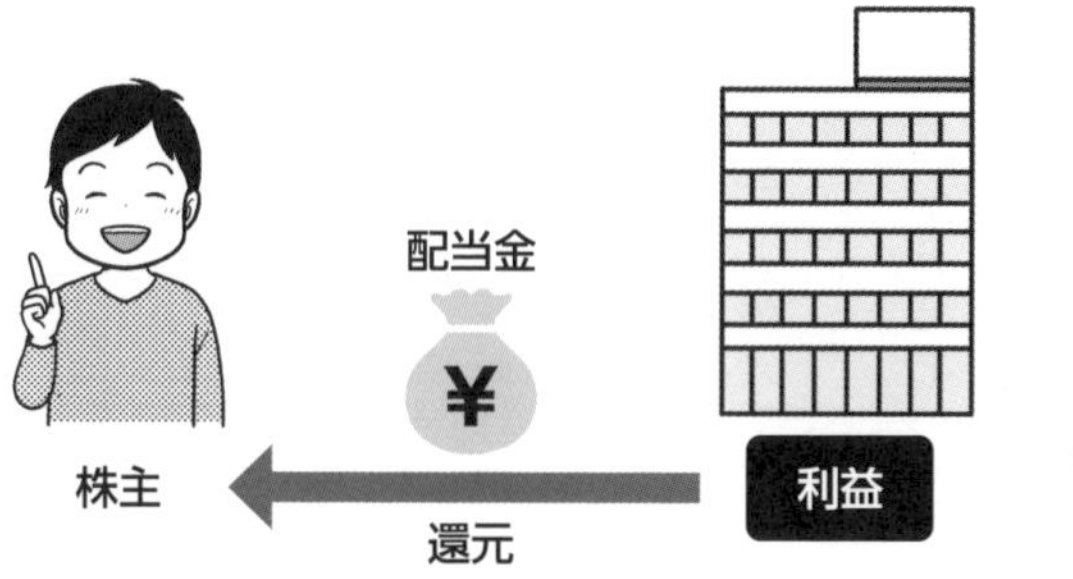

配当金は、必ず支払われるというものではなく、会社が支払うと決めたときにだけ支払われる。利益があっても支払わない会社や、利益がなくても支払う会社もある

●メリット③ 株主優待

株主優待とは、会社が株主に対して自社製品や優待券、サービス券等を無料で進呈すること。デパートやファミリーレストランなら割引券、食品会社なら自社製品、鉄道会社は回数券や全線パスなど。株主優待は、通常、100株以上保有している株主が対象となる

はみ出しメモ 配当や株主優待を受けるためには、会社の権利確定日に株主であることが必要（78ページ参照）。

03

株式投資はメリットばかりではない

株式投資のデメリットとは？

株価の値下がりリスクがある

前項では株式投資のメリットについて見ていきましたが、株式投資にはよいことばかりがあるわけではありません。残念ながら、デメリットもあります。

まず、株式投資には**株価が値下がりするというリスク**があります。

銀行などの預貯金の利息は、預けたときに1年後にいくらもらえるか予測でき、その額はほぼ確定します。つまり、預貯金のリスクはきわめて低く、安全性が高いといえます。

それに対して、株式の値段である**株価は、1年後どうなっているかはまったく予測できない**ので、リスクが高いということになります。

これは、株価がどれだけ下がってしまうかわからないという意味だけでなく、どれだけ上がるかも予測できないという意味も持っています。

もちろん株価が上がっている可能性もありますが、下がっている可能性もあります。**このリスクを低減させるには、第2章で見た分散投資と長期運用が有効です**。銘柄や時間を分散させてリスクを抑えていくことを心がけましょう。

最大のリスクは会社の倒産

株式投資においての**最大のリスク**が、**会社の倒産**です。

投資対象の会社が倒産してしまうと、株式は無価値になってしまいます。ですから、値下がりの心配をする前に、まず倒産しない会社を選ぶことが大切です。

証券取引所で売買が認められている会社（上場会社）は、証券取引所の基準をクリアしており、経営状態のしっかりした会社が多いのですが、それでも倒産する会社はあります。事前に情報を収集して、**投資対象にはできるだけ経営の基盤がしっかりしている会社を選ぶ**ようにしましょう。

株価の値下がりリスク

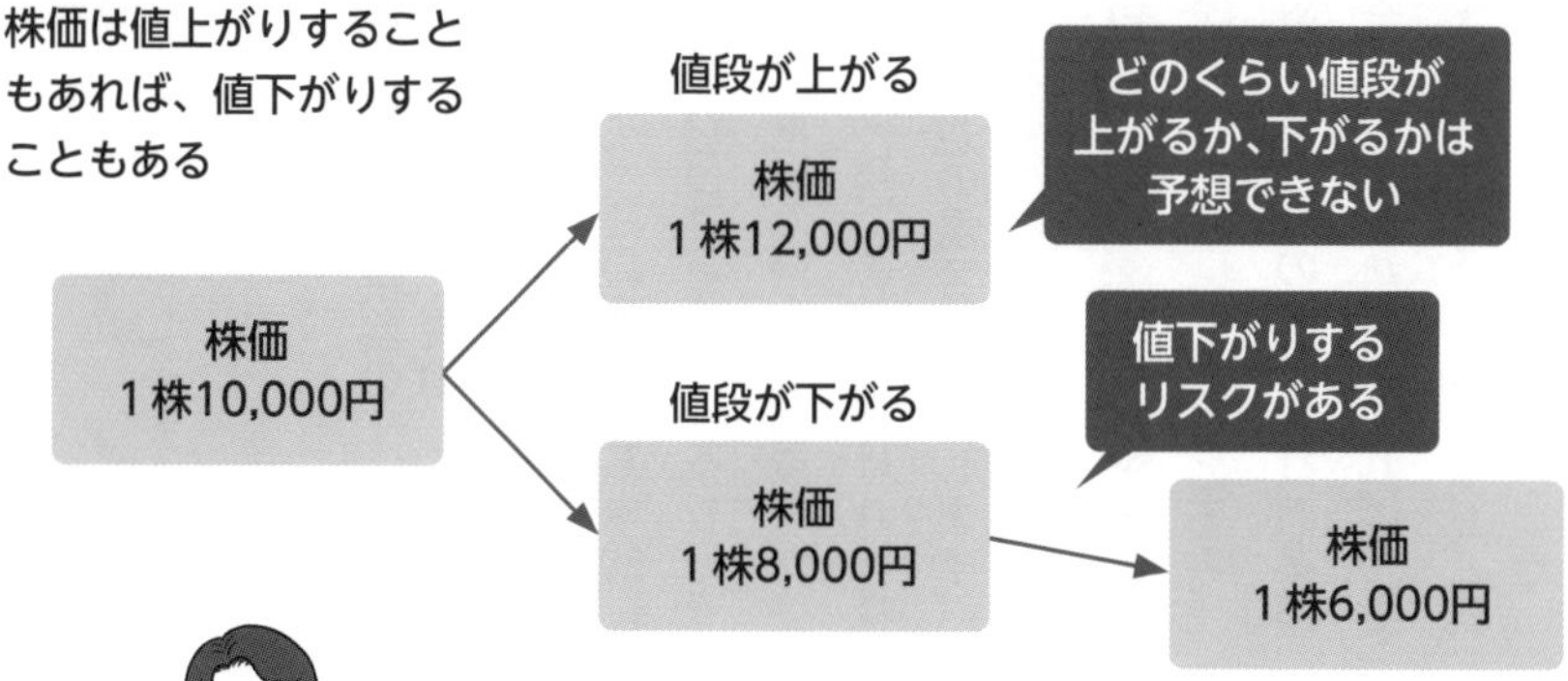

株価が値下がりするリスクがあるので、投資対象や投資時期を分散させてリスクを抑えるようにします。

値下がりへの対処法

投資時期の分散
→58ページ参照

投資対象（銘柄）の分散
→56ページ参照

投資する対象の銘柄（会社）を複数に分散させ、また投資の時期を分散させます。そうすることによって、ある程度リスクを抑えることが可能になります。

Column 株式投資の３つの余裕

株式投資には、次の「３つの余裕」が大切であるといわれます。

①資金の余裕…余裕資金で投資すること。

②時間の余裕…株価が値上がりするのを待っていられる時間的な余裕を持つこと。

③心の余裕…株価や相場の変動を冷静に判断する余裕を持つこと。

はみ出しメモ 会社が上場するための上場審査基準は、株主数、流通株式数、時価総額、純資産の額、利益・売上高など多くの項目がある。また上場会社は継続して上場維持基準をクリアする必要がある。

04

株価はさまざまな要因によって変動する

どうして株価は変動するのか？

基本的に需要と供給のバランスによって変動

株価は、上がったり下がったりと変動しますが、この**変動は基本的に需要と供給のバランス**によるものです。株式を買いたい人（需要）が売りたい人（供給）よりも多ければ株価は上昇し、逆の場合は下落します。

また、**株価が変動する要因は、その会社自体に関係することや株式市場全体に関係することがあります。**

まず挙げられるのが、会社の業績です。会社の業績がよくなれば、投資家の人気を集めることになり、株価は値上がりします。

逆に、会社の業績が悪くなれば、投資先としての魅力は低くなり、株価は値下がりします。

株価は、景気の動向にも左右されます。一般的に景気がよくなれば、会社の業績はよくなり、株価も上昇します。景気が悪くなれば、会社の業績も悪くなり、株価も下落します。

ほかに、**市場金利の動向にも関係しています。**市場金利が上昇すれば、借入金の金利負担が増加し、会社の業績が悪化するので、株価は下落傾向となります。

逆に、市場金利が低下すれば、借入金の金利負担が軽減し、会社の財政も好転するので、株価は上昇傾向となります。

外国為替相場と株価の関係

円やドルを交換するときの値段を決める**外国為替相場の動きも、株価にかかわってきます。**

円安になると、輸出している会社にメリットがあるため、輸出関連会社の株価は上昇します。逆に円高になると、輸入している会社にメリットがあるため、輸入関連会社の株価は上昇します。

これらのほかに、**国際情勢・社会情勢なども、株価に影響を与えます。**

このように、株価はさまざまな要因によって変動するのです。

株価変動のさまざまな要因

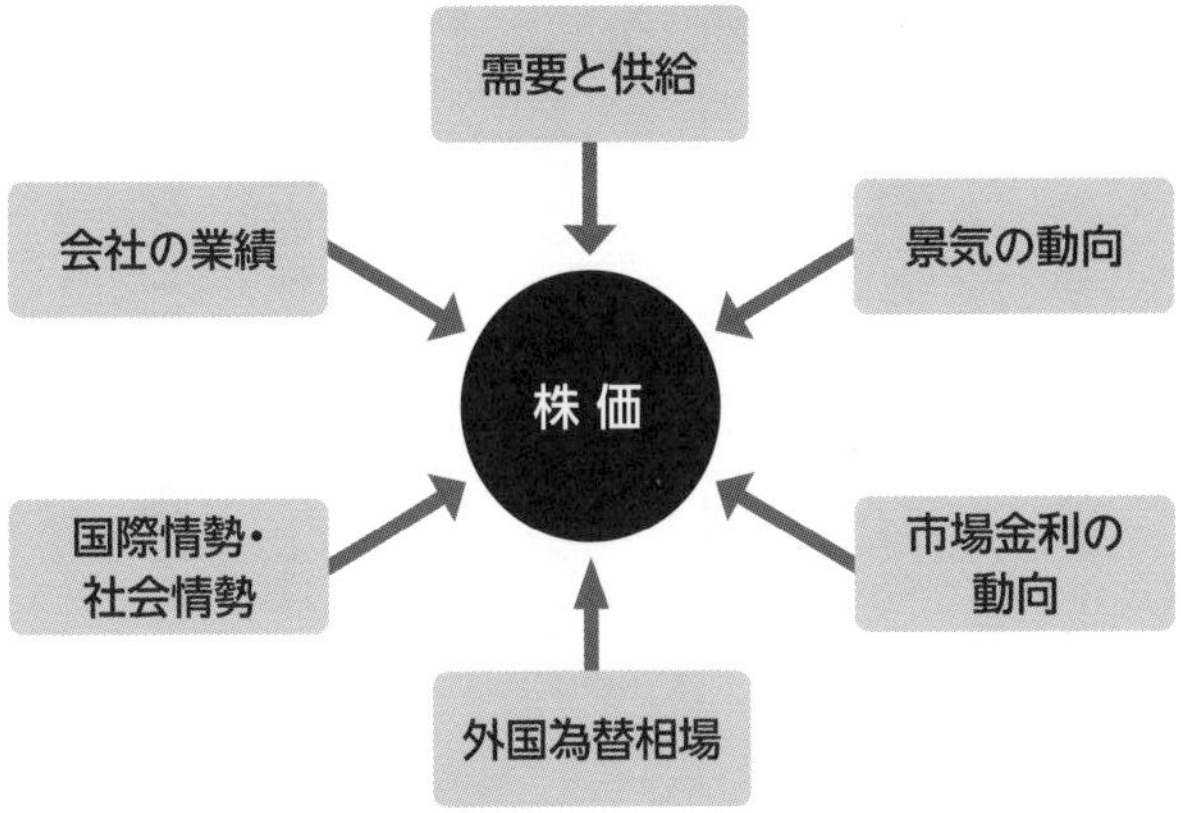

外国為替相場と株価の関係

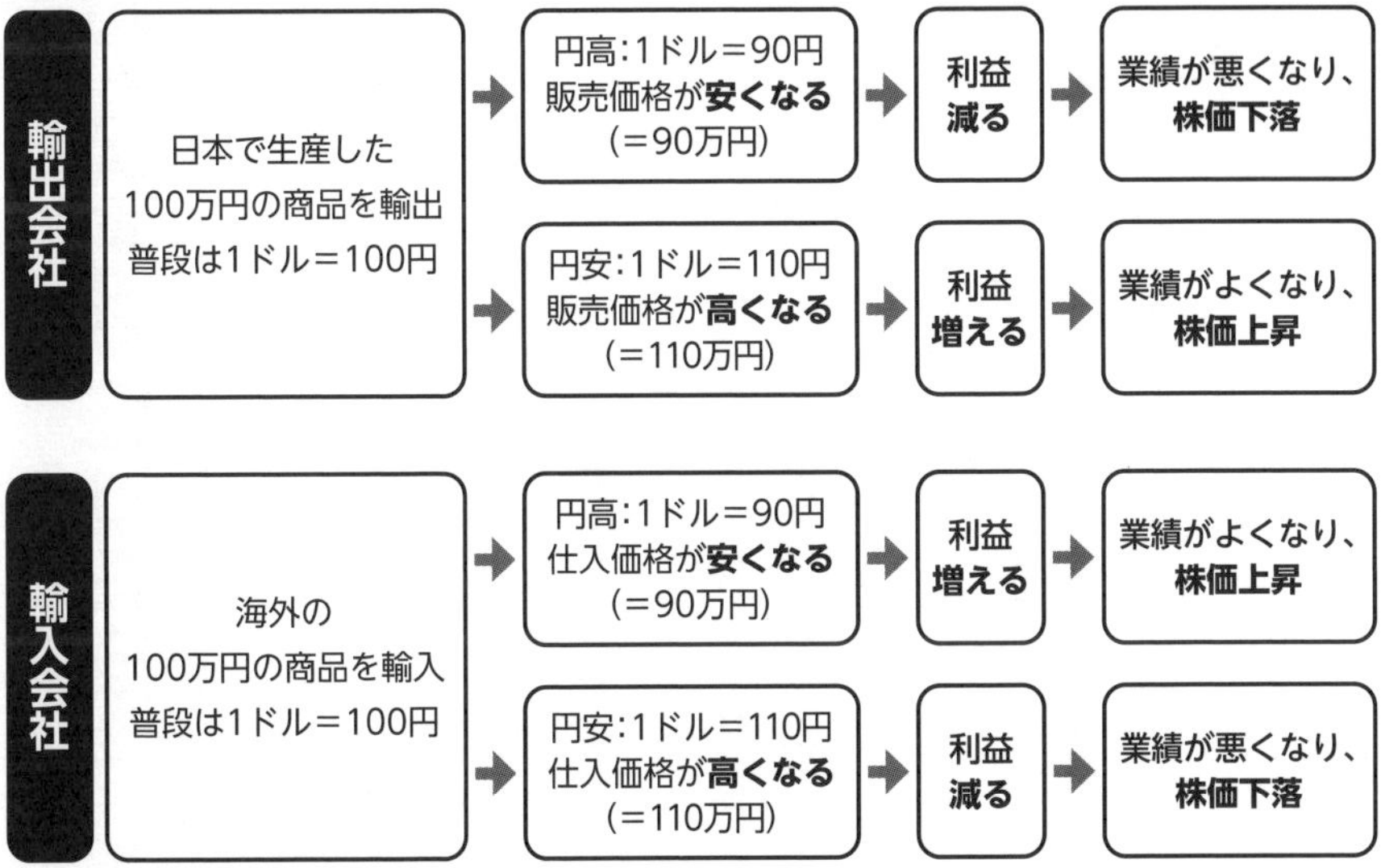

用語

市場金利　金融市場などで適用されている金利。民間の金融機関の貸出金利や預金金利のほか、金融機関同士の取引で使われる金利などのこと。

05

「遠くのものは避けよ」

銘柄の選びかた①　身近な会社に注目！

● まずは身近なところから選ぶ

現在※、日本の株式市場に上場している会社は３，９００社ほどあります。そのなかから、投資する会社（銘柄）をどのように選べばよいのでしょう。

一般的に、**まずは身近な銘柄に注目するとよい**といわれます。**「遠くのものは避けよ」**という株式投資の心構えを説いた格言があります。数多くの銘柄のなかから投資対象を選ぶのに、わざわざなじみのないものに目を向ける必要はなく、日常生活で愛用している商品や、仕事にかかわるものなど、**多少の知識や親近感を持っている株式を選んだほうが間違いは少ない**。投資のヒントは身の回りにいっぱい転がっており、それに気づかないで、わざわざ自分の知らないものを選ぶことはないという意味です。

食品や日用雑貨、ファッション、化粧品、それらを売っているスーパーやコンビニ、趣味のスポーツやアウトドアなど、**自分の身近にある商品やサービスを展開する会社**を選び、ホームページなどでその会社を調べてみるとよいでしょう。

● 社会情勢に目を向けよう

SDGs《エスディージーズ》（持続可能な開発目標）、カーボンニュートラル、AI（人工知能）といった言葉を、テレビや新聞、ネットなどで見聞きする機会が多くなりましたが、**今後、需要が高まりそうな業界などに注目するの**も1つの方法です。

社会情勢に目を向けて、社会から注目されている産業や会社を調べてみるとよいでしょう。

第2章で説明しましたが、投資は利益を得るためだけに行うわけではありません。**自分が投資した資金が社会に役立つのかという視点を持つ**ことも大切です。

※ 2023年9月末現在。

「身近なところに銘柄選びのヒントがある」

自分の好きな
ファッション

よく購入する
食料品

生活に欠かせない
日用雑貨

よく観戦している
スポーツ

流行の化粧品

いつも行っている飲食店や
スーパー・コンビニ

食料品や日用雑貨、ファッション、化粧品、旅行、スポーツ、アウトドア、音楽、スーパー・コンビニ、飲食店など、自分の身近にある商品・サービスを展開する会社について調べてみるとよいでしょう。愛用品や、よく行く場所などにも投資のヒントがあるかもしれません。

「社会情勢にも目を向ける」

ニュースからキーワードを
探してみるといいかも！

SDGs

カーボンニュートラル

AI

ESG

DX

はみ出しメモ 株式投資の有名な格言として、「人の行く裏に道あり花の山」（他人とは反対のことをしたほうがうまくいく）などがある。

株価が割安になっている銘柄を選ぶ

銘柄の選びかた② 割安銘柄に注目！

2つの視点から割安銘柄を選ぶ

株式投資では、安く買って高く売ることによって利益を得ることができます。ただし、株価が安いかどうかの判断は難しいものです。そこで、大きく2つの視点から見ていきます。

1つは、**将来の成長可能性を考えれば、いまの株価の水準は安いという割安感に注目する**方法です。こうした銘柄を探すためには、つねにさまざまな情報にアンテナを張りめぐらせておくことが大切です。今後、ブームになりそうな商品やサービスを提供している会社、将来的に社会に求められる事業を展開している会社などを探してみることです。

もう1つは、**株価が本来の価値にくらべて、安い水準になっているという割安感に目をつける**方法です。

このような銘柄を探すには、**ファンダメンタル分析の指標を参考にする**手法があります。代表的な指標として、PER《ピーイーアール》（株価収益率）やPB《ピービー》R《アール》（株価純資産倍率）、ROE《アールオーイー》（自己資本利益率）などがあります。

代表的な3つの指標

PERは1株当たりの当期純利益（EPS）に対して、現在の株価が何倍になっているかを見る指標です。PERは株価を利益の面から評価するのに使われる指標で、**一般的にPERが高いほど割高、低いほど割安**と判断されます。

PBRは株価を純資産の面から見る指標で、会社の1株あたり純資産（BPS）に対し、現在の株価が何倍になっているかを表します。一般的に**PBRの倍率が高いと割高、低ければ割安**と判断されます。

ROEは株主の立場から見て、会社に投資した資金がどのように運用され、成果を上げているかを示すものです。**ROEが高い会社は、自分が投資した資金を効率よく使えている**ということになります。

ファンダメンタル分析の代表的な指標

● PER（株価収益率）

$$\text{PER} = \frac{\text{株価}}{\text{1株当たり利益}}$$

A社
1株あたり利益：100円
株価：900円
PERは
900円÷100円＝**9倍**

B社
1株あたり利益：300円
株価：900円
PERは
900円÷300円＝**3倍**

B社のほうが割安

● PBR（株価純資産倍率）

$$\text{PBR} = \frac{\text{株価}}{\text{1株当たり純資産}}$$

A社
1株あたり純資産：100円
株価：800円
PBRは
800円÷100円＝**8倍**

B社
1株あたり純資産：200円
株価：800円
PBRは
800円÷200円＝**4倍**

B社のほうが割安

● ROE（自己資本利益率）

$$\text{ROE} = \frac{\text{当期純利益}}{\text{自己資本}} \times 100$$

A社
自己資本：100万円
当期純利益：10万円
ROEは
10万円÷100万円×100
＝**10%**

B社
自己資本：100万円
当期純利益：20万円
ROEは
20万円÷100万円×100
＝**20%**

B社のほうが効率がよい

用語
ファンダメンタル分析　国や地域の経済活動等の状況を示す基礎的な要因をもとに分析すること。株式投資では、株式の本質的価値を決定する企業の財務状況や業績状況から分析する手法。

07

配当金や株主優待も魅力がある

銘柄の選びかた③ 配当と優待に注目！

配当金に注目する

すでに触れましたが、株式投資のメリットの1つに配当金があります。この**配当金に注目して銘柄を選ぶ**方法もあります。

配当金は、会社の利益の一部を株主に還元するもので、配当を出す会社は、一般的には年1～2回、決算の後に出します。ただし、必ず配当があるわけではなく、配当がゼロの場合もあります。

会社が配当を多く出しているかどうかを見る指標として、配当利回りと配当性向があります。

配当利回りとは、株価に対する年間の配当金の割合（%）を示す指標です。配当利回りは、銘柄によって異なりますが、3～5%以上といった水準の銘柄も少なくありません。株式はリスクのある金融商品ですが、低金利時代に3～5%の配当は魅力があるといえるでしょう。

配当性向とは、会社の当期純利益に占める、年間の配当金（配当支払総額）の割合を示す指標です。株主にとっては配当を多く出す会社ほど望ましいものですが、なかには配当を出さずに将来の事業に向けて利益を貯めている会社もあります。

ですから、**配当性向が低いからといって投資する魅力がないとは限りません**。

とくに成長しているベンチャー企業などは、将来の事業展開のために配当を抑えていることがあります。

株主優待に注目する

株式投資のメリットには、先ほど紹介した株主優待もあります。この株主優待に注目して銘柄を選ぶ方法もあります。

なお、**配当や株主優待を受けるためには、会社の権利確定日に株主であること**が必要です。権利確定日の2営業日前（権利付き最終日）までに株式を購入する必要があるので、購入日に注意しましょう。

配当利回りと配当性向

●配当利回り（%）：株価に対する年間の配当金の割合
＝１株当たり年間配当金÷株価×100

㊙株価が1,000円、年間配当金が50円の場合
配当利回り＝50円÷1,000円×100＝5%

配当利回りは、利回りに注目して株式に投資する際の目安となります。

●配当性向（%）：当期純利益のうち配当金の支払いに使っている割合
＝１株当たり配当額÷１株当たり当期純利益×100
＝配当支払総額÷当期純利益×100

㊙１株当たり当期純利益100円、
１株当たり配当金50円の場合
配当性向＝50円÷100円×100＝50%

配当性向が高い会社は投資家に配当を通じて利益を還元しているといえますが、配当性向が低い会社が一概によくないとはいえません。

権利確定日と権利付き最終日に注意しよう

月	火	水	木	金	土	日
28	29	30	31	1	2	3

権利付き最終日（ここまでに購入）　← 29

権利確定日　← 31

権利確定日が31日（木）の場合は、権利付き最終日は29日（火）になるんですね。

はみ出しメモ　会社・株価などの情報は、Yahoo! ファイナンスや証券会社の Web サイトなど、インターネットで簡単に調べることができる。

08

会社の情報・業績を知ることが重要

会社のIR情報を収集しよう

IRページで情報・業績をチェック

どの会社に投資するのかを判断するうえで重要なのが、その**会社の情報や業績などをチェック**することです。投資する会社の経営理念・経営方針や、また業績は好調なのか、不調なのかをしっかり見極めなければなりません。

それらを知るために役立つのが、**会社のホームページにあるIR（投資家向け情報）ページ**です。上場会社は、法律と証券取引所の規則によって、情報開示が義務づけられています。IRページでは経営情報、財務情報、株式情報などの詳細を調

IRページの例

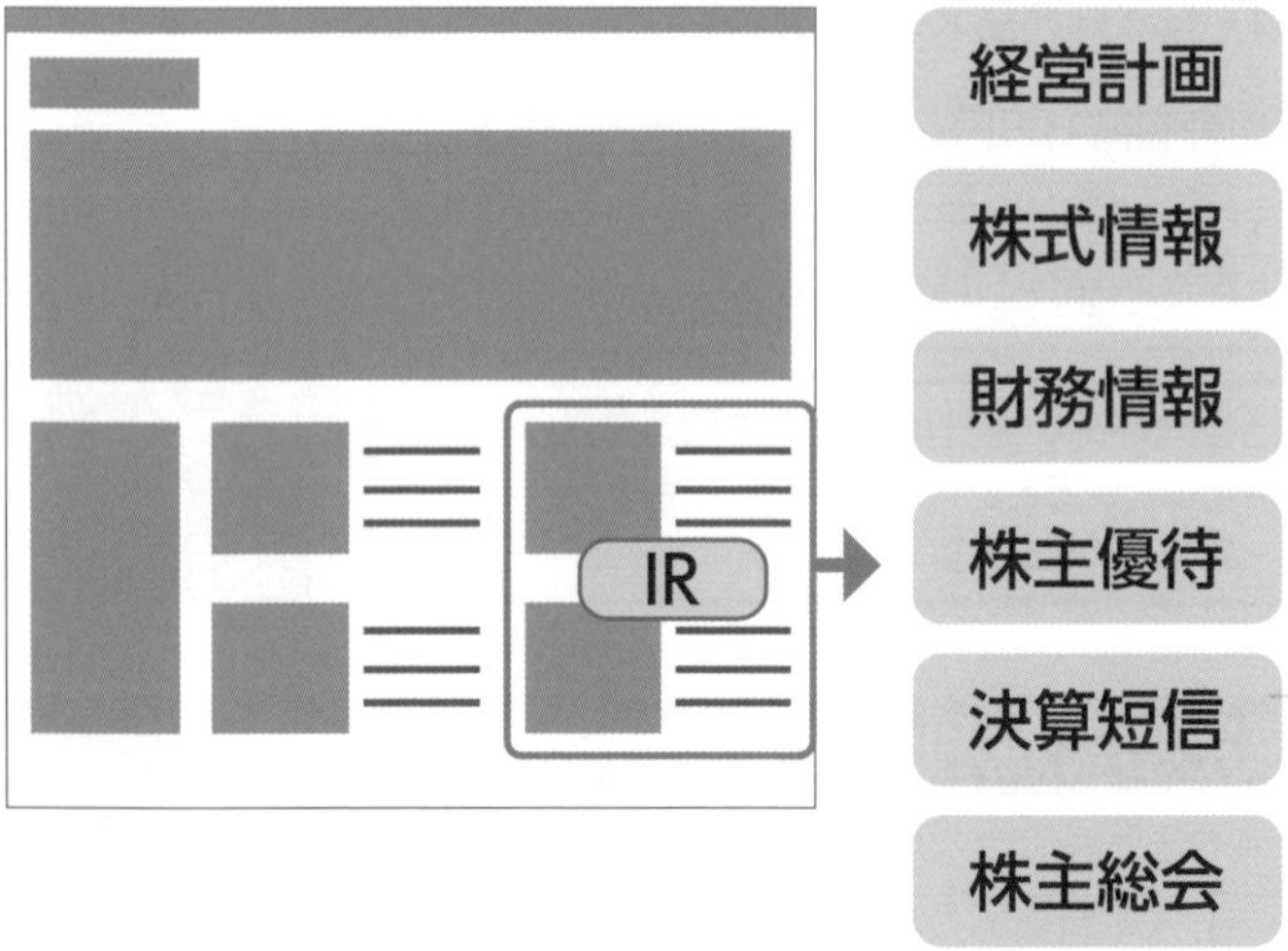

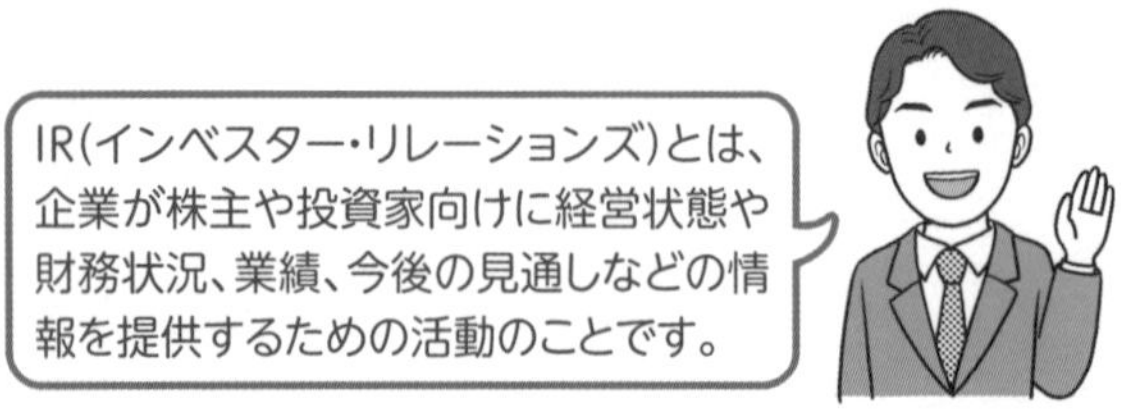

べることができます。

決算短信は投資判断の大事な参考資料の1つ

IR情報のなかに決算短信があります。**決算短信とは、上場会社が決算発表を行う際に、内容の要点をまとめた書類**です。

決算短信の大きな目的は、投資家に決算の結果を早めに伝えることです。投資を行う際の判断資料となる有価証券報告書※は、決算の3カ月以上後にしか発表されません。そこで、決算結果などを少しでも早く投資家へ伝えるために、証券取引所が各上場会社に決算短信の作成を要請し、各会社が作成しています。正式な決算発表資料ではありませんが、**決算短信は投資を行う際の大事な参考資料の1つ**です。

※有価証券報告書…上場会社などが開示する、企業情報がまとまった資料。

決算短信の見方

2023年３月期　決算短信〔日本基準〕（連結）

2023年５月12日

上場会社名　京王電鉄株式会社　上場取引所　東
コード番号　9008　URL　https://www.keio.co.jp/
代表者　（役職名）代表取締役社長 社長執行役員　（氏名）都村　智史
問合せ先責任者　（役職名）経営統括本部経理部 経理担当課長　（氏名）宮邊　佳　(TEL) 042-337-3135
定時株主総会開催予定日　2023年６月29日　配当支払開始予定日　2023年６月30日
有価証券報告書提出予定日　2023年６月29日
決算補足説明資料作成の有無　：　有
決算説明会開催の有無　：　有　（　機関投資家・アナリスト向け　）

（百万円未満切捨て）

１．2023年３月期の連結業績（2022年４月１日～2023年３月31日）

（１）連結経営成績　（%表示は対前期増減率）

	営業収益		営業利益		経常利益		親会社株主に帰属する当期純利益	
	百万円	%	百万円	%	百万円	%	百万円	%
2023年３月期	347,133	15.8	21,479	―	21,772	305.7	13,114	134.8
2022年３月期	299,872	△4.9	740	―	5,366	―	5,585	―

（注）包括利益　2023年３月期　14,099百万円（ 224.2%）　2022年３月期　4,349百万円（ ―%）

	１株当たり当期純利益	潜在株式調整後１株当たり当期純利益	自己資本当期純利益率	総資産経常利益率	営業収益営業利益率
	円 銭	円 銭	%	%	%
2023年３月期	107.40	―	3.8	2.3	6.2
2022年３月期	45.75	―	1.6	0.6	0.2

（参考）持分法投資損益　2023年３月期　426百万円　2022年３月期　257百万円

（２）連結財政状態

	総資産	純資産	自己資本比率	１株当たり純資産
	百万円	百万円	%	円 銭
2023年３月期	955,233	351,566	36.8	2,879.29
2022年３月期	906,212	342,286	37.8	2,803.64

（参考）自己資本　2023年３月期　351,591百万円　2022年３月期　342,321百万円

（３）連結キャッシュ・フローの状況

	営業活動によるキャッシュ・フロー	投資活動によるキャッシュ・フロー	財務活動によるキャッシュ・フロー	現金及び現金同等物期末残高
	百万円	百万円	百万円	百万円
2023年３月期	25,039	△42,045	20,633	71,021
2022年３月期	28,222	△14,318	△23,264	67,394

２．配当の状況

	年間配当金					配当金総額（合計）	配当性向（連結）	純資産配当率（連結）
	第１四半期末	第２四半期末	第３四半期末	期末	合計			
	円 銭	円 銭	円 銭	円 銭	円 銭	百万円	%	%
2022年３月期	―	20.00	―	20.00	40.00	4,886	87.4	1.4
2023年３月期	―	20.00	―	20.00	40.00	4,886	37.2	1.4
2024年３月期（予想）	―	22.50	―	22.50	45.00		34.8	

３．2024年３月期の連結業績予想（2023年４月１日～2024年３月31日）

（%表示は、対前期増減率）

	営業収益		営業利益		経常利益		親会社株主に帰属する当期純利益		１株当たり当期純利益
	百万円	%	百万円	%	百万円	%	百万円	%	円 銭
通期	368,000	6.0	21,000	△2.2	19,700	△9.5	15,800	20.5	129.39

決算短信は通期決算短信と四半期決算短信がある。

【経営成績】
売上高や営業利益、経常利益、当期純利益などの「1年間または四半期の営業成績」を表す。会社の売上や利益がどうなっているかをチェック。

【財政状態】
総資産や純資産、自己資本比率、1株当たりの純資産などの「企業の負債や資本の状況」を表す。会社の負債の状況などをチェック。

【業績予想】
次期の業績予想値。経営計画・経営戦略などと併せて判断材料にする。

はみ出しメモ　会社の情報・業績を調べる際は、『会社四季報』（東洋経済新報社）を使うのも有効。上場している銘柄すべての情報が手に入り、業績予想やさまざまな指標も記載されている。

株式を購入する方法は？

注文方法は2つある

投資したい銘柄が決まったら、いよいよ株式の取引をスタートさせましょう。ただし、実際に株式を売買する場合には、証券会社に取引用の口座を開設する必要があります。この口座開設については第5章で解説します。

ここでは、口座を開設した前提で、いま主流のインターネットでの株式の購入について紹介していきます。

株式の買い注文をするときには、銘柄や証券コードを指定し、何株をいくらで買うかを選択します。この**「いくらで買う」という価格を指定して注文する方法を指値注文《さしねちゅうもん》といいます**。注文の方法には、**「いくらでもいいから買う」という価格を指定しないで注文する方法もあり、これを成行注文《なりゆきちゅうもん》といいます**。

指値注文と成行注文

指値注文は、希望する価格で売買できる反面、価格によっては売買が成立しない場合があります。たとえば、１株８１０円の銘柄を８００円以下で買いたいとき、８００円と指定して注文します。この場合、株価が８００円以下になると注文が成立し、８００円以下にならなければ買うことができません。ですから、その日のうちに買えるとは限らないので、注文する際には注文の有効期限を指定します。

指値で注文する際には板（板情報）が参考になります。板は売り注文と買い注文の状況を示した一覧表で、どの価格帯にどのくらいの注文が入っているのかが一目でわかります。

一方、**成行注文は、売買の価格を指定しないので、高い確率で売買が成立します**。ただし、いくらで成立するかは、市場の流れに左右されるので、自分の予想よりも高い価格で売買が成立することもあります。

なお、通常の**株式の売買単位は100株（1単元）**です。

買い注文の手順

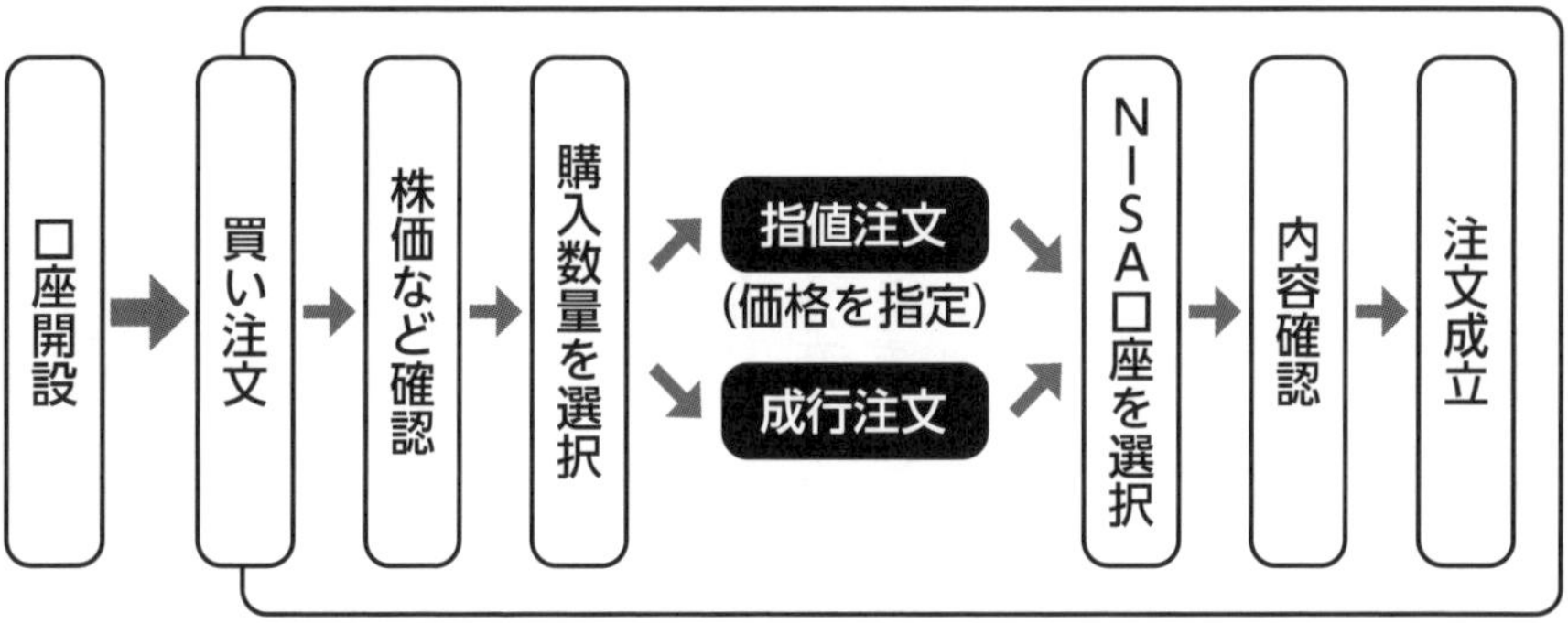

※上の図は手順の概要を示したもので、実際は証券会社によって異なります。

基本的に、売買できるのは100株単位です。仮に1株が1,200円の場合、1,200円×100株=120,000円必要です。ただし、現在は取引の種類が多様化し、通常の取引よりも小さい取引単位で取引できる方法が増えています。

「板」（板情報）の見方

「板」の左側の数字は売り注文の数量

2,633円に200株の売り注文が入っている

売気配株数	気配値	買気配株数
	成行	
12,000	OVER	
800	2,639	
200	2,638	
400	2,637	
600	2,636	
400	2,635	
400	2,634	
200	2,633	
	2,626	600
	2,625	400
	2,624	800
	2,623	1,200
	2,622	900
	2,621	500
	2,620	300
	UNDER	10,000

「板」はあくまでも現状を表すもので、その後の株価動向を保証しているわけではありません。

2,626円に600株の買い注文が入っている

「板」の右側の数字は買い注文の数量

はみ出しメモ 東京証券取引所の場合、売買立会（取引）は、9時から11時30分までの午前立会（前場《ぜんば》）と12時30分から15時までの午後立会（後場《ごば》）がある（注文はこれより前に受け付け可能）。

10

売り注文を出してみよう

株式の売却とそのタイミング

売り注文も買い注文とほぼ同じ要領

株式の売り注文は、買い注文とほぼ同じ要領で行います。

インターネットでの取引の場合、取引画面で売りたい銘柄や数量などを指定します。売り注文も、買い注文と同じように、指値注文と成行注文があります。

インカムゲインかキャピタルゲインか

株式は配当や株主優待などのメリットがあり、長期保有してコツコツとインカムゲインを得ていくことができます。

その人の性格や資産の状況、投資の目的にもよりますが、**長期的な資産形成という点では、たびたび売却するのではなく、長期に保有したほうがよい**といえるでしょう。

一方で、保有する株式が値上がりしたら、**いつでも売却してキャピタルゲインを得ることもできます**。ただし、**株式は売るタイミングを判断するのが難しい**といわれます。

もう少し値上がりしたら売ろう、そうすればもっともうかるかもと待っているうちに値下がりしてしまう。このように売るタイミングを逃してしまうのは、よくあることです。そうならないためには、あまり大きくもうけようとせず、**この値段になったら売却すると決めておき、その値段になったら売る**という方法などがあります。

新NISAは非課税枠の再利用が可能なので、株価が一定の金額まで値上がりしたら、売却して利益を確定させ、翌年以降に復活した非課税枠で新しい銘柄に投資することができます。

手数料も含めて利益を計算する

なお、**株式の売買には手数料がかかります**※。その分を差し引いても利益が出るかどうかを計算しておく必要があります。

※証券会社によっては売買手数料が無料になる場合がある。

売り注文の手順

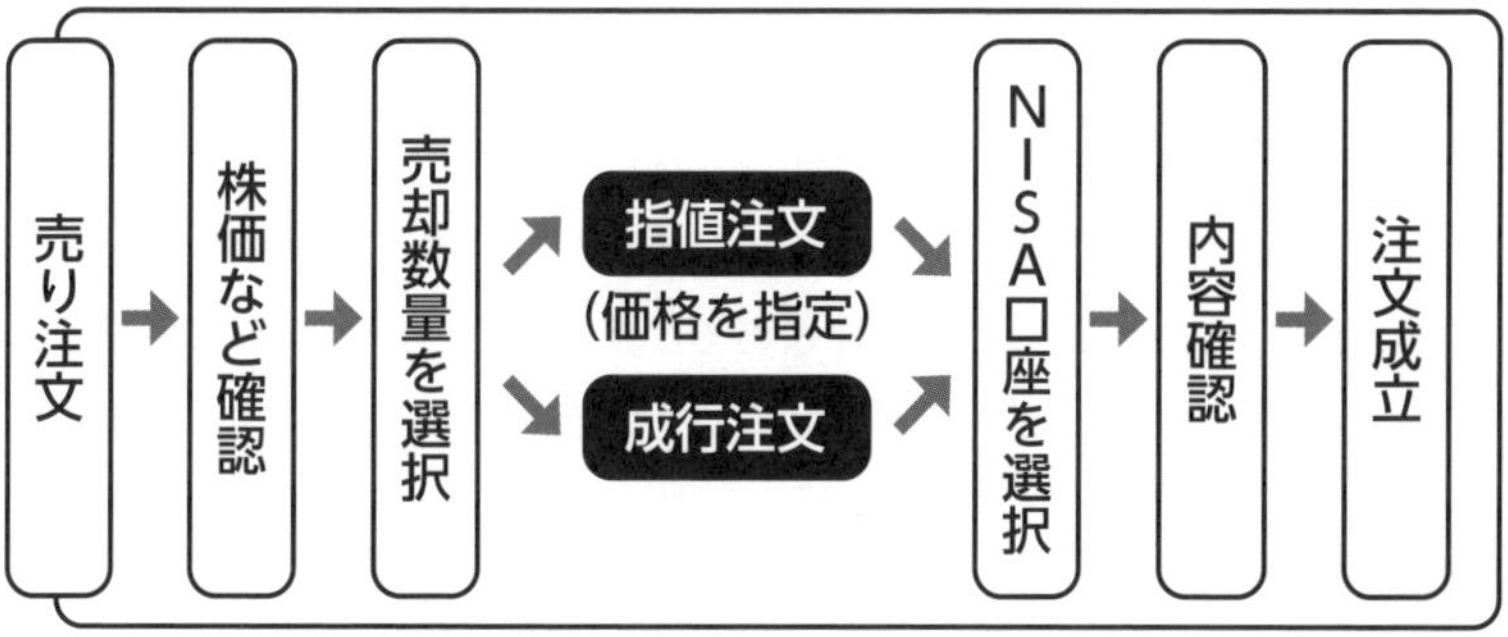

※上の図は手順の概要を示したもので、実際は証券会社によって異なります。
「NISA 口座の選択」が手順にない証券会社もあります。

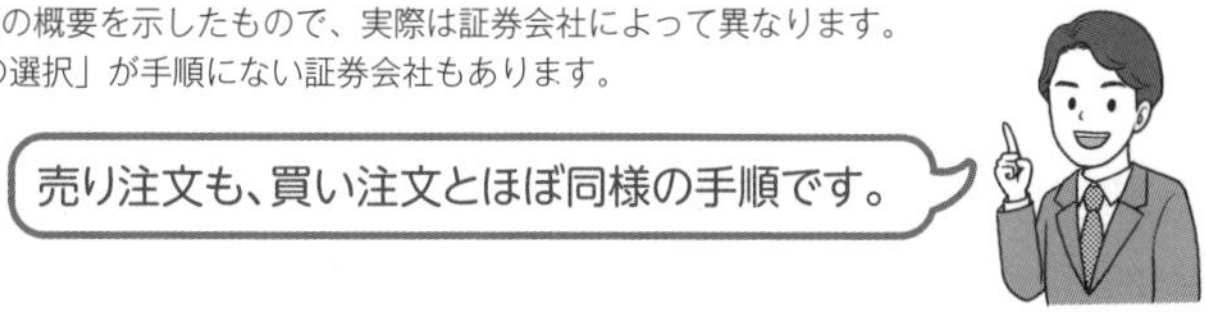

インカムゲインとキャピタルゲイン

●コツコツとインカムゲインを得る

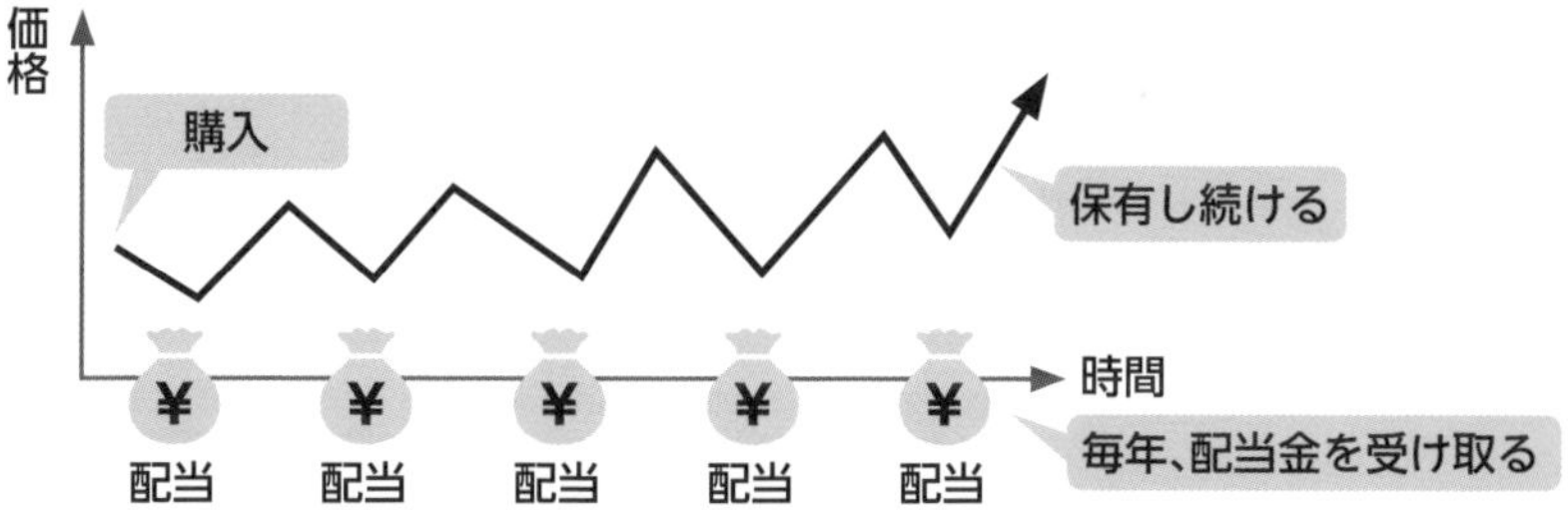

●キャピタルゲインを狙う

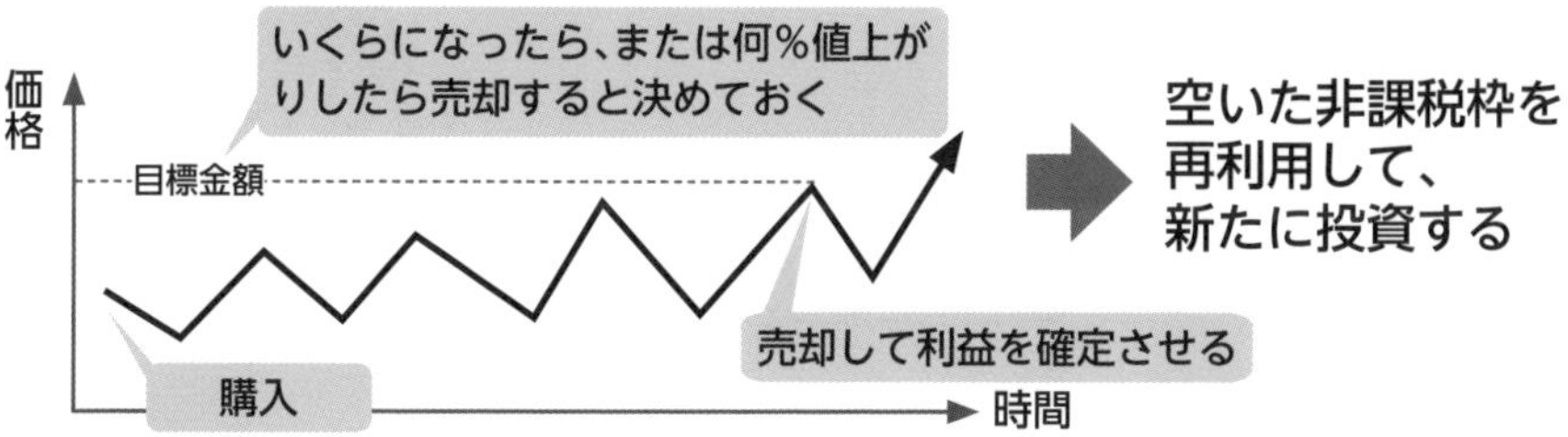

はみ出しメモ 予想外に株価が値下がりした場合、値下がりしてもそのまま持ち続ける方法もあるが、将来的に回復する見込みがない場合は損切り（売却して損失を確定させること）することも検討する。

コラム　ポイントで気軽に投資！

買い物などをすると貯まるポイント。現金の代わりにこのポイントを使って株式や投資信託に投資をするのがポイント投資です。

ポイント投資では、楽天ポイント、d ポイント、T ポイントなどの、買い物で貯まったポイントを使って手軽に投資できます。どのポイントで投資できるかは、ポイント投資サービスを運営している証券会社によって異なります。

メリットは、何といっても元手 0 円で投資できることです。現金ではなく、買い物などで貯まったポイントで投資するので、仮に損失が出ても家計へのダメージはほとんどありません。通常の投資にくらべて、値下がりしても精神的なダメージは少なくて済みます。

さらに、ポイント投資のメリットとして挙げられるのが、100 ポイント（円）程度からはじめられる手軽さです。まとまったポイントがなくても気軽にはじめられるので、はじめて投資をする人にとっては大きな魅力といえます。本格的な投資をはじめる前の入り口として、気軽にチャレンジしてみるのもよいでしょう。

ただし、ポイント投資といってもあくまで投資なので、元本割れのリスクはあります。また、ポイントだけを元手にした場合は、少額な投資なので、現金での投資にくらべて、利益の幅も限られることになります。

なお、ポイント投資で NISA を利用できるかは、証券会社によって異なります。証券会社のホームページなどで確認してみるとよいでしょう。

第4章

初心者にオススメ！「投資信託」

投資の初心者向けといわれる投資信託。少額からはじめることができ、専門家に運用を任せられる点などが魅力です。基本的なしくみから売買の方法、商品の選びかたなどについて解説していきます。

株への興味が出てきました！
でも根井さんみたいにくわしくないし会社がいっぱいあって選びきれなさそう…
でしたら投資信託がおすすめです
少額からはじめられるし、専門家が代わりに運用してくれますよ
お願いします！
専門家
分散投資
国内株式
外国株式
国内債券
外国債券
国内リート
外国リート
少額でしかも専門家が運用してくれるんですか!?
すごい!!
株みたいにリスクが高かったりするんじゃないですか？
RISK
たしかに投資信託は元本が保証されていませんしリスクもあります
そのリスクも投資信託の種類によって異なります

先ほどもご紹介しましたが 最初はNISAのつみたて投資枠を使って購入してみるといいですよ
金融庁
OK
手数料
低め
商品A
商品B
金融庁の条件をクリアした商品のみが対象ですし 手数料も低めに設定されています
投資初心者のかた向けといえるでしょう
それなら安心かなあ
投資信託もいろいろあって…
インデックス型とアクティブ型とか
国内なのか海外なのか株式に債券にREI
ペラペラペラ
ね…根井さん…?
どこにどうやって投資するのか 投資対象や運用方法などがポイントなんですよ!
投資信託にはさまざまな種類がありそれぞれ特徴があってリスクとリターンが異なるんです
RISK
RETURN
自分の目的や性格に合ったものを選んでいきましょう

そもそも投資信託とは？

専門家が投資・運用を行う

投資信託（ファンド）とは、簡単にいえば、**投資家から集めたお金を1つの大きな資金としてまとめて、運用の専門家がその資金を株式や債券などに投資・運用するもの**で、その**運用成果が、投資家それぞれの投資額に応じて分配される**しくみの金融商品です。

集めた資金をどのような対象に投資するかの判断等は、投資信託ごとの運用方針にもとづいて、ファンドマネジャーと呼ばれる専門家が行います。

1万円程度の少額から分散投資することができ、**運用の経験がない初心者でもはじめやすい**金融商品といわれています。

株式投資に比べて手間と時間がかからない

第3章で見たとおり、株式投資は基本的に自分で投資する銘柄を選びます。自分で業界の動向や会社の業績などを調べたり、研究したりしなければなりません。売買のタイミングも自分で判断する必要があります。そのため、相応の時間と知識が必要になります。

その点、投資信託は、**運用は専門家が行うので、投資家自身に専門的な知識は必要ありません**。投資家は、どの投資信託に投資するのかという商品選びや、投資をはじめた後の定期的な運用状況の確認は必要ですが、**投資信託は、株式投資にくらべると、手間と時間がかからない投資方法**といえるでしょう。

投資信託とは

投資信託と株式投資の違い

投資信託

- 投資・運用は専門家が行うので、自分で行う必要がない
- 少額の資金からはじめることができる
- つみたて投資枠・成長投資枠の両方が対象

株式投資

- 自分で会社の業績等を調べ、自分で売買のタイミングを判断する
- 通常の取引の場合、ある程度まとまった資金が必要
- 成長投資枠のみが対象

用語

ファンド　多数の投資家から集められた資金を１つにまとめ、基金にして収益を還元するしくみのこと。「投資信託」のことを「ファンド」と呼ぶことも多い。

02

それぞれの専門機関が役割を果たすことで成り立つ！

投資信託はどのようなしくみ？

多くの投資家から集めたお金を1つにまとめて運用

前項では、投資信託がどのような金融商品なのかについて簡単に紹介しましたが、ここでもう少しくわしく投資信託のしくみを説明していきましょう。

投資信託は、投資信託運用会社（運用会社・委託会社）でつくられ、おもに証券会社や銀行などの販売会社を通じて販売され、多くの投資家からお金を集めます。

投資家から集めたお金は1つにまとめられ、資産管理を専門とする信託銀行（受託会社）が保管します。

運用会社は、集めたお金の投資方法を考え、その投資の実行を、お金を管理している信託銀行に指図します。このことを運用指図といい、運用会社がその権限を持っています。

そして、信託銀行は運用会社の指図を受けて、株式や債券などの売買を行います。

運用成果は、販売会社を通じて各投資家に分配されます。

各専門機関の役割

投資信託には、販売会社、運用会社、信託銀行という専門機関がかかわっています。

各専門機関の役割は、次のようになっています。

①販売会社

証券会社や銀行などの販売会社は、投資家ごとの口座を管理し、投資信託の販売や換金、分配金・償還金の支払いなどを行います。

②運用会社

運用会社は、投資信託をつくり（設定）、投資家から集めた資金（信託財産）を運用します。

運用会社は、世界の経済情勢・金融情勢などに関するさまざまなデータを収集・分析し、専門家がノウハウを活用しながら、信託財産をどの資産にどのように投資するのかを考え、信託銀行に対して運用を指図します。

運用会社は投資信託の法律上、「委託者」と呼ばれます。

③信託銀行

信託銀行は、投資家から集めた資産を保管・管理します。**信託銀行は運用会社からの運用の指図に従って、株式や債券などの売買や管理を行います。**

信託銀行では、投資家から集めた信託財産を他の財産とは区別して保管・管理（分別管理）しています。信託銀行は投資信託の法律上、「受託者」と呼ばれます。

このように、**投資信託は販売・運用・資産の保管などの業務を行う、それぞれの専門機関が役割を果たすことで成り立っている**金融商品といえます。

投資信託のしくみ

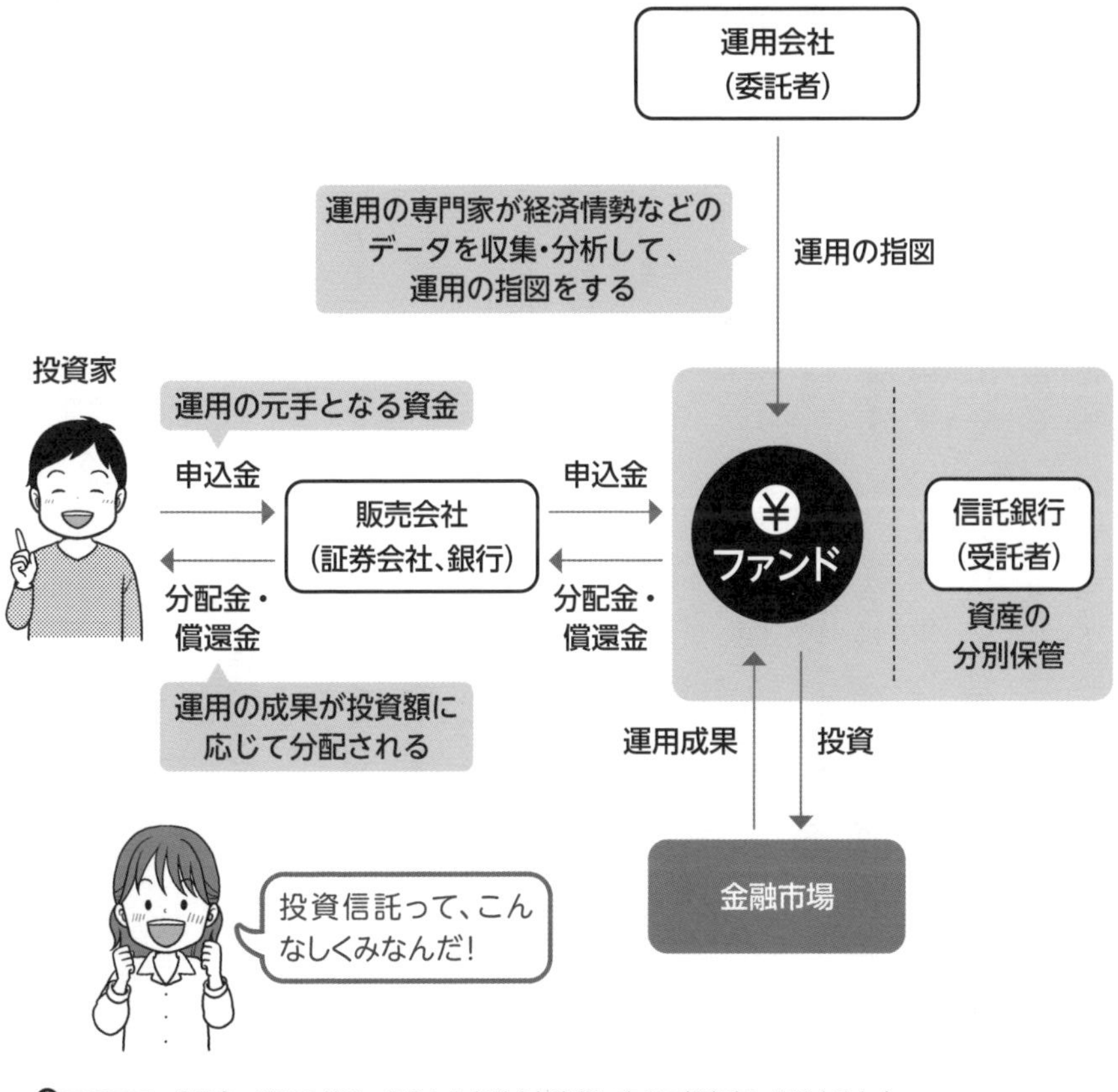

用語

分配金　運用の結果、得られた収益を投資額に応じて投資家に分配するお金。
償還金　投資信託の信託期間が終了したときに投資家に返還される資金。

03

少額購入・分散投資・専門家の運用

投資信託のメリットとは？

投資信託の3つのメリット

ここでは投資信託のメリットについて見ていきましょう。投資信託には、次のようなメリットがあります。

①少ない金額から購入できる

第3章で見たとおり、株式投資の通常の取引単位は100株です。たとえば、1株2,000円の銘柄を購入しようと思うと、2,000円×100株＝20万円のお金が必要です。ですから、通常、株式に投資する場合には、ある程度まとまった資金が必要になります。

しかし、**投資信託であれば、1万円程度の金額からはじめることができます**。

また、もっと少ない金額で、積み立てで運用を行うこともできます（110ページ参照）。

②分散投資できる

第2章（56ページ）で紹介したように、**投資の基本は、資産をいくつかの商品に分けてリスクを分散させる分散投資**です。

ですが、個人の投資家が、自分だけで分散投資しようとすると、多くの資金が必要となります。

しかし、投資信託は大勢の投資家から少額のお金を集めて1つの大きな資金として運用するので、**さまざまな投資対象に分散して投資をし、リスクを軽減させることが可能**になります。

③専門家による運用

株式などに投資する場合には、専門的な知識や手法を身につける必要があります。その知識や手法などを個人で身につけるには、時間と労力がかかります。

ですが、投資信託は、経済・金融などに関する知識を身につけた**専門家が投資家に代わって運用**します。

さらに、個人では買うことができない、または買うことが難しい海外の株式や海外の債券、特殊な金融商品、不動産などへの投資も可能になり、より幅広く運用することができます。

● 投資信託の安全性

株式投資の場合、投資した会社が破綻したら、保有している株式の価値はなくなってしまいます。

一方、投資信託の場合は、投資信託にたずさわる各専門機関が破綻したとしても、投資家が預けたお金は、投資額にかかわらず制度的に守られるようになっています。

ただし、制度上、投資家の信託財産は保全されるしくみにはなっていますが、運用の結果、損失が発生する可能性はあります。この点については、次のページでくわしく説明していきます。

投資信託の3つのメリット

メリット①
少額で購入できる

1万円程度からはじめることができる（金融機関によってはもっと少ない金額で積み立ても可能）。

メリット③
専門家が運用

経済・金融の高度の知識を身につけた専門家が、投資家に代わって運用する。

メリット②
分散投資

さまざまな商品に分散投資して、リスクを軽減させることができる。

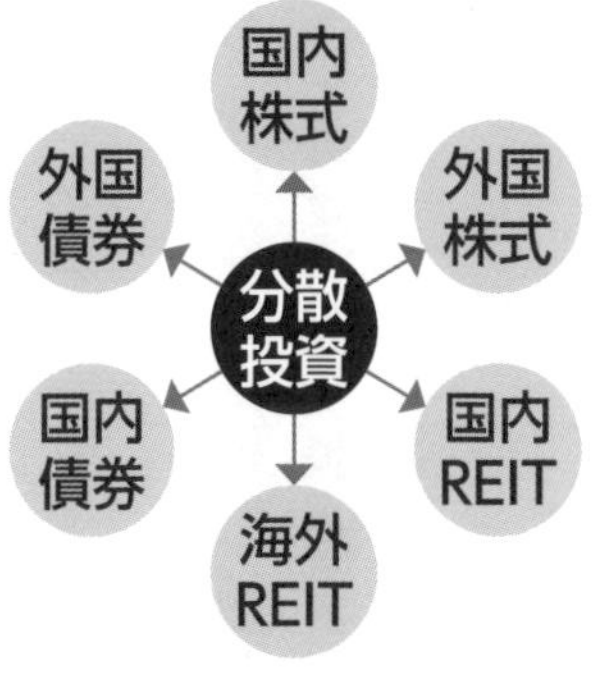

※ REITについては114ページ、債券については116ページを参照。

はみ出しメモ　証券会社によっては、100円から投資信託を積み立てで購入できる（110ページ参照）。

04

投資信託のリスクとコスト

値下がりリスクとかかるコストに注意！

投資信託にはリスクもある

投資信託には、いくつかのメリットがある一方で、リスクもあります。

投資信託は値動きのある株式や債券などに投資するため、投資信託の価格は株式市場などの動向によって変動します。そのため、投資信託の購入後、運用がうまくいって利益を得られることもあれば、運用がうまくいかず、投資した額を下回って、損失を出すこともあります。ですから、**投資信託には元本保証がありません。**

投資信託の価格に影響を及ぼすおもな変動要因には、価格変動リスク、為替変動リスク、信用（デフォルト）リスク、金利変動リスクといったものがあります（次ページの表を参照）。

なお、投資信託の値段のことを基準価額といいます。**基準価額は、投資信託の1口（口とは取引の単位）あたりの値段のこと**で、投資家が投資信託を購入・換金する際は、基準価額で取引が行われます。1口1円で運用が開始された投資信託は、1万口あたりの基準価額が公表されています。

投資信託にはコストがかかる

投資信託には、大きく3つの段階でコスト（費用）がかかります。**①購入時に販売会社に支払う購入時手数料（販売手数料）**、**②運用している期間中に運用管理費として差し引かれる運用管理費用（信託報酬）**、**③解約時に信託財産に留保される信託財産留保額**の3つです。

投資信託を購入する際には、あらかじめこれらのコストを必ず確認しましょう。

なお、**つみたて投資枠の対象となっている投資信託は、購入時手数料が無料（＝「ノーロード」）**になっています。

「投資信託の価格に影響を及ぼすおもな変動要因」

価格変動リスク	投資信託に組み入れている株式や債券の価格が変動する可能性のこと
為替変動リスク	為替レートが変動する可能性のこと
信用（デフォルト）リスク	債券等を発行する国や企業が、財政難・経営不振などの理由により、利息や償還金をあらかじめ定めた条件で支払うことができなくなる可能性のこと
金利変動リスク	金利が変動する可能性のこと

「投資信託のコスト」

購入時 → **購入時手数料**

購入時に支払う費用。申込価額の数%をその費用として支払う。投資信託や販売会社によってない場合もある（ノーロードという）。

保有中 → **運用管理費用**

投資信託を保有している間、保有額に応じて日々支払う、投資信託の運用にかかる費用。投資信託の信託財産から間接的に支払われる。

解約時 → **信託財産留保額**

投資信託を信託期間の途中で換金した場合に徴収される費用。投資信託によって差し引かれるものと差し引かれないものがある。

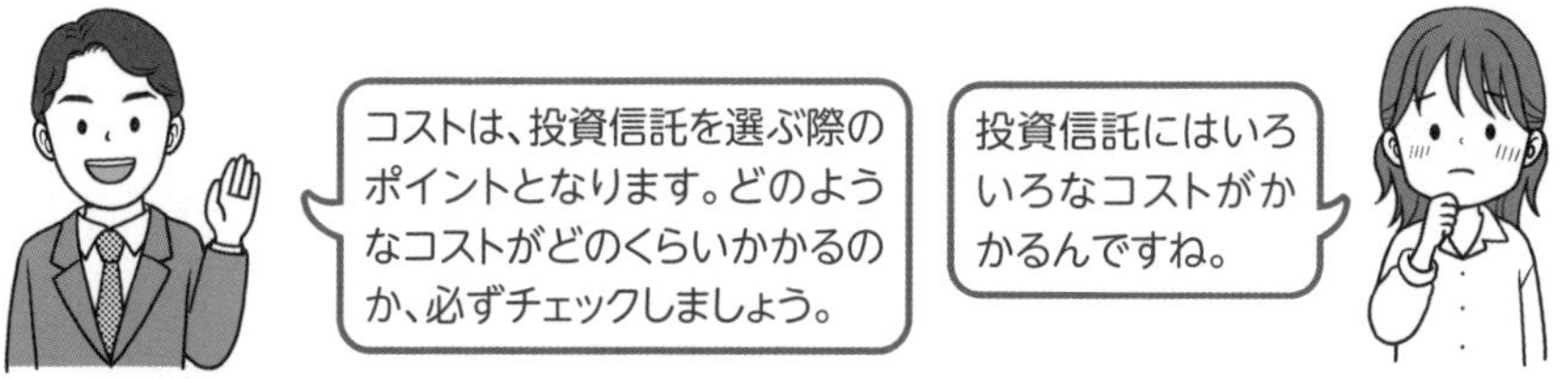

はみ出しメモ　多くの運用会社や販売会社は、最新の基準価額を自社のホームページで公表している。

05

分配金を受け取ることも、再投資することもできる

投資信託から得られる利益

投資信託の2つの利益

投資信託から得られる利益は2つあります。1つは、**基準価額が上がった投資信託を売却（解約）すると得られる値上がり益**（キャピタルゲイン）。もう1つは、**投資信託を保有し続けることで得られる分配金**です（インカムゲイン）。

投資信託は、一定期間ごとに分配金が支払われますが、支払われる時期や回数は商品によって異なり、分配金がないものもあります。

分配金は、受け取らずに再投資に回すこともできます。分配金を受け取ると手元の現金は増えますが、支払われた分配金の分だけ運用する資産は減少します。反対に、分配金を再投資に回せば、運用する資産は大きくなります。

分配金を受け取るかどうかは、自分にとってどちらのメリットが大切かを考える必要があります。長期的な資産形成という視点で運用を考えるのであれば、分配金を受け取らず、再投資に回したほうがよいといえるでしょう。**再投資に回すと複利効果も期待できます**。

2種類の分配金

分配金には、普通分配金と特別分配金（元本払戻金）の2種類があります。

普通分配金は、運用で得た利益（＝元本を上回った分）を投資家に支払います。**普通分配金は投資家の利益になるので課税対象になります。ただし、NISAを利用すれば非課税にすることができます**。

特別分配金は、利益ではなく元本の一部を投資家に戻すしくみになっています。特別分配金は個別元本を下回る部分から支払われ、払い戻された特別分配金の額だけ基準価額（個別元本）は減少します。

特別分配金は**利益ではなく、元本の一部が戻ってきたものなので課税されません**。

投資信託から得られる利益

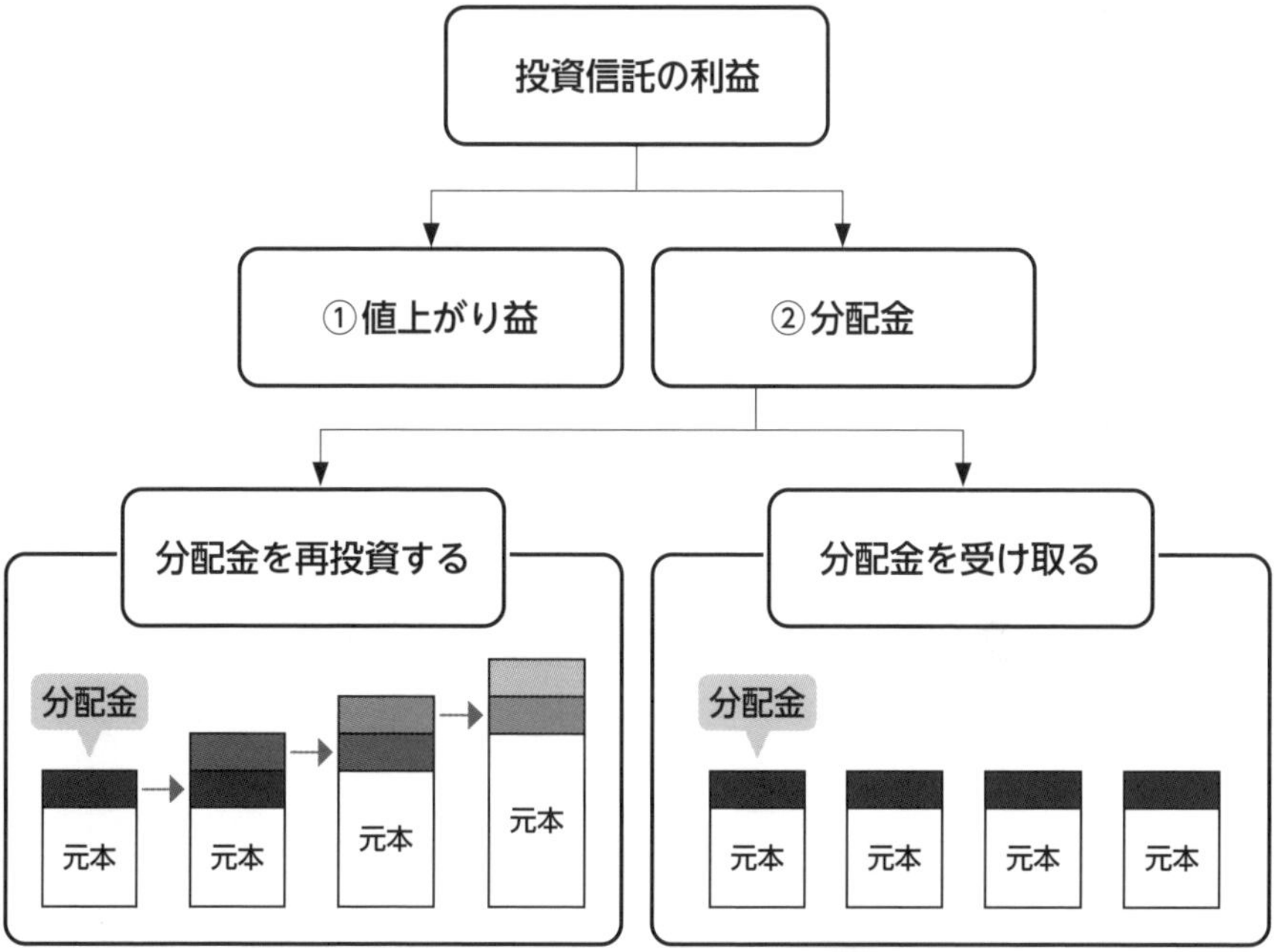

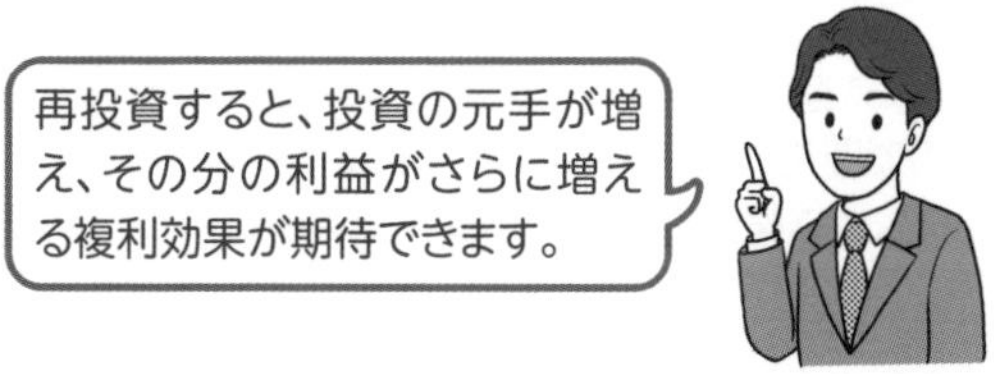

普通分配金と特別分配金

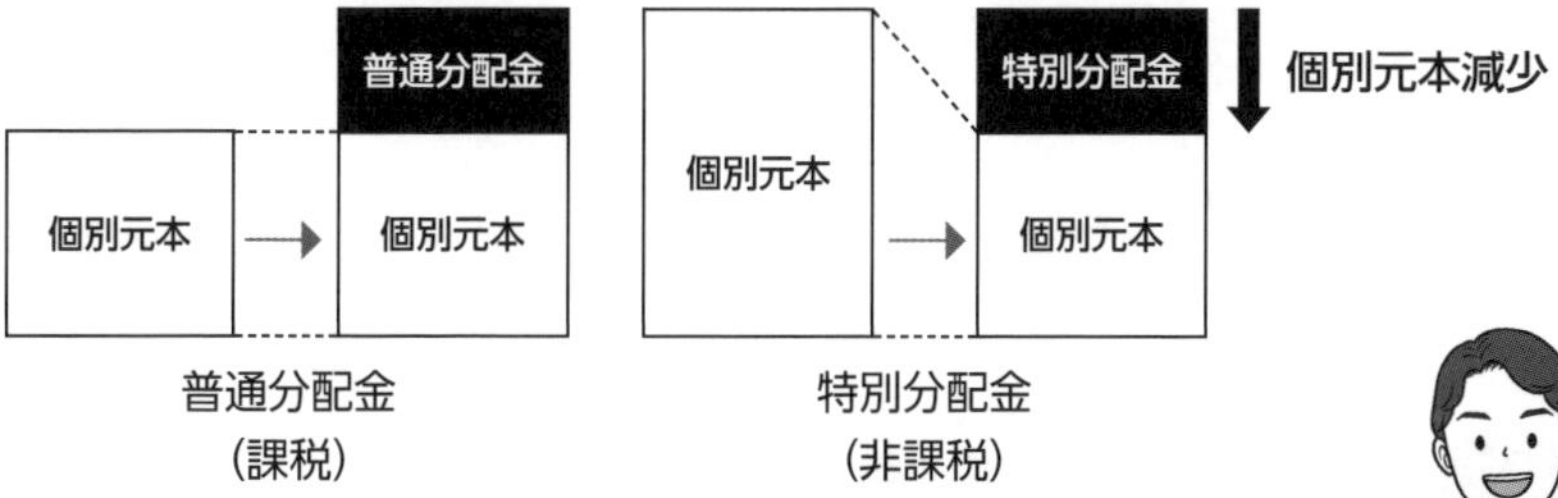

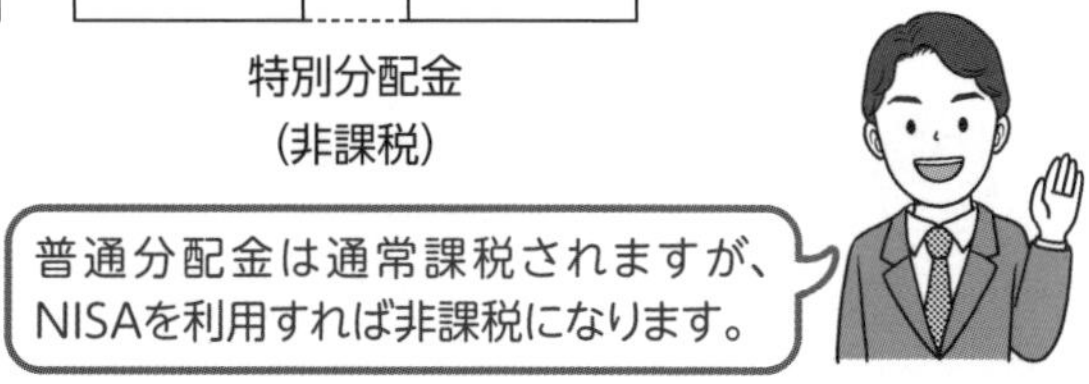

用語 **個別元本**　投資家が投資信託を購入したときの基準価額のこと。

06

インデックス型とアクティブ型がある

どんなタイプの投資信託がある？①

運用方法による分類

投資信託には、「何に投資をするのか」「どのように運用するのか」「いつ購入できるのか」など、投資先や運用方法、購入時期などによってさまざまな種類があります。「どのように運用するのか」という側面から大きく分けると、投資信託の運用方法にはインデックス型とアクティブ型の2つがあります。

インデックス型は、「市場並み」の利益を出すことを目指すもので、日経平均株価などの特定の指数（インデックス＝市場の平均的な値動き）に運用成果が連動するように設

「指数と連動するインデックス型」

〈インデックス型のイメージ〉

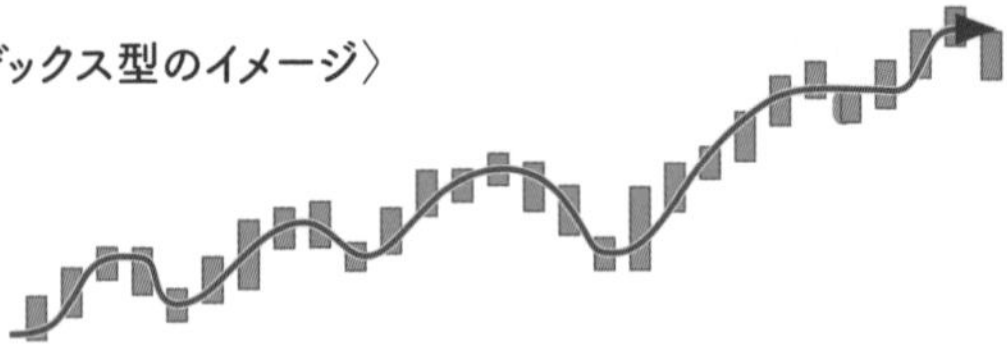

インデックス型は市場平均を目指し、機械的に銘柄を選ぶので運用コストが低く抑えられます。また、インデックス型は指数に連動するだけなので、ファンド選びに手間がかかりません。

「指数を上回るように運用するアクティブ型」

〈アクティブ型のイメージ〉

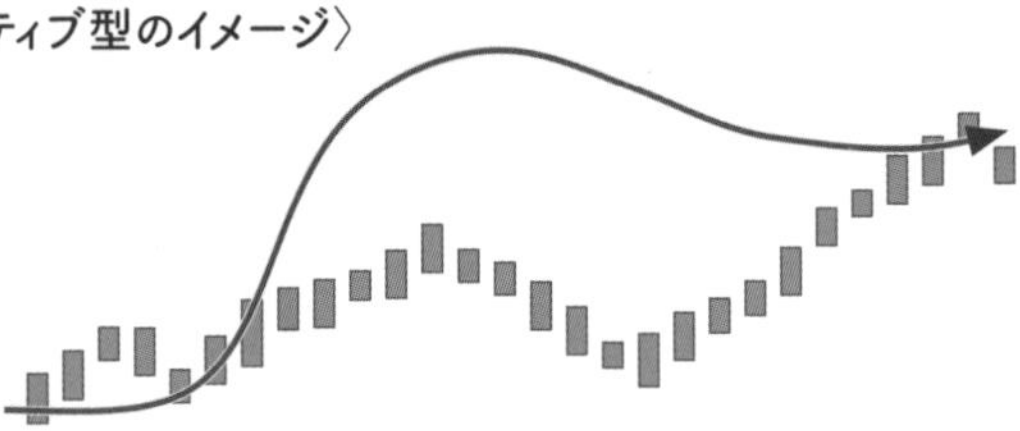

アクティブ型は専門家がデータの収集・分析を行って投資先を選ぶので、その分、運用コストが高くなります。また、アクティブ型の場合、有望なファンドを選ぶにはそれなりの手間がかかります。

郵 便 は が き

お手数ですが、
切手を
おはりください。

1 5 1 0 0 5 1

東京都渋谷区千駄ヶ谷 4-9-7

(株) 幻 冬 舎

書籍編集部宛

ご住所 〒

都・道
府・県

フリガナ
お名前

メール

インターネットでも回答を受け付けております
https://www.gentosha.co.jp/e/

裏面のご感想を広告等、書籍の PR に使わせていただく場合がございます。

幻冬舎より、著者に関する新しいお知らせ・小社および関連会社、広告主からのご案内を送付することがあります。不要の場合は右の欄にレ印をご記入ください。

不要 □

本書をお買い上げいただき、誠にありがとうございました。
質問にお答えいただけたら幸いです。

◎ご購入いただいた本のタイトルをご記入ください。

『　　　　　　　　　　　　　　　　　　　　　　　』

★著者へのメッセージ、または本書のご感想をお書きください。

●本書をお求めになった動機は？

①著者が好きだから　②タイトルにひかれて　③テーマにひかれて
④カバーにひかれて　⑤帯のコピーにひかれて　⑥新聞で見て
⑦インターネットで知って　⑧売れてるから／話題だから
⑨役に立ちそうだから

生年月日	西暦　　年　　月　　日（　　歳）男・女			
ご職業	①学生	②教員・研究職	③公務員	④農林漁業
	⑤専門・技術職	⑥自由業	⑦自営業	⑧会社役員
	⑨会社員	⑩専業主夫・主婦	⑪パート・アルバイト	
	⑫無職	⑬その他（　　　　　　）		

ご記入いただきました個人情報については、許可なく他の目的で使用することはありません。ご協力ありがとうございました。

計されている投資信託です。

　平均的な値動きで着実である反面、それを上回る成果は期待できません。インデックス型は、機械的に運用される分、運用コストは抑えられます。

　アクティブ型は、「市場の平均を上回る」成績を目指すもので、一般的に、目標に定めた指数を上回る運用成果を目指して積極的な運用を行う投資信託です。

　運用がうまくいけば高いリターンを得られるものの、うまくいかなかった場合は、逆に下回るリターンになる可能性もあります。

　運用コストはインデックス型よりも高めになっています。

「インデックス型とアクティブ型の比較」

インデックス型	アクティブ型
●指数(インデックス)を上回る収益は期待できない ●アクティブ型よりもコストが低い ●投資信託(ファンド)を選ぶ手間がかからない	●運用がうまくいけば、インデックス型よりも高い収益が得られる ●インデックス型よりもコストが高め ●よりよい投資信託(ファンド)を選ぶ手間がかかる

つみたて投資枠の対象商品は、インデックス型のファンドが多く、アクティブ型のファンドは数が限られているよ。

「購入できる時期による分類」

単位型 → 当初の募集期間にのみ購入できる

追加型 → 原則として運用期間中いつでも購入できる

はみ出しメモ　投資信託は、投資対象に株式を組み入れることができる株式投資信託と、投資対象に株式を組み入れず公社債を中心に運用する公社債投資信託に分けられる。

07

どんなタイプの投資信託がある？②

投資対象地域や資産によっても分類される

対象地域による分類

投資信託は、投資対象地域や投資対象資産によっても分類することができます。投資対象地域による分類は、運用資金を「どの地域に投資しているのか」という分類方法です。投資対象地域は、大きく国内、海外（先進国）、海外（新興国）に分けることができます。

投資する地域が異なれば、期待できるリターンやリスクにも違いがあります。

対象資産による分類

投資対象資産による分類は、運用

「投資対象地域による分類」

国内

- 日本国内の株式や債券で運用している投資信託。
- 身近な投資対象なので、比較的値動きが把握しやすい。
- 為替の変動がない。

先進国

- アメリカや欧州などの先進国で運用している投資信託。
- 先進国経済は成熟していて高成長は見込めない反面、比較的安定している。
- 為替の変動リスクがある。

新興国

- 新興国で運用している投資信託。
- 目覚ましい発展を遂げて大幅な成長が期待できる反面、まだ経済が弱くて安定性に欠ける。
- 一般的に為替の変動リスクやカントリーリスクが高いとされる。

資金を「何に投資しているのか」という分類方法です。

投資対象となる資産は、株式や債券、不動産などさまざまなものがあります。株式で運用する投資信託は、債券よりも株式の値動きのほうが大きいため、比較的大きな値上がり益を狙うことができます。

国や企業などが発行した債券で運用する投資信託は、市場での値動きが株式とくらべて安定的です。

株式や債券のほかにも、不動産に投資するREIT（リート、114ページ参照）や、金や原油、穀物などを投資対象とするコモディティなどがあります。

投資対象はそれぞれ特性が異なるため、期待できるリターンやリスクにも違いがあります。

「投資対象資産による分類」

債券

- 債券で運用している投資信託。
- 株式に比べて比較的値動きが小さい。

株式

- 株式で運用する投資信託。
- 債券よりも、比較的値動きが大きい。

REIT（リート）

- 投資家から集めたお金をオフィスビルやマンションなどの不動産で運用する（114ページ参照）。

バランス型

- 投資対象を絞らずに、国内外の債券や株式など、さまざまな資産に幅広く分けて投資する（132ページ参照）。

コモディティ

- コモディティとは、一般に、「商品」のことを指す言葉。
- 原油や金、穀物といったようなコモディティ（商品）を投資対象にしている。

用語　**カントリーリスク**　投資対象の国や地域において、政治・経済情勢の変化によって市場に混乱が生じた際、そこに投資した資産の価値が変動する可能性のこと。

自分の運用の目的を確認しておこう

投資信託選び① 目的に合ったものを選ぶ

まずは運用の目的・目標を確認しておく

前項までに投資信託の種類について見てきましたが、投資信託にはさまざまな種類があり、それぞれ特性を持っています。たくさんあるファンドのなかから、自分に合う投資信託をどのように選んでいけばよいのでしょうか。

ここでは、投資信託を選ぶときの基本的なポイントについて考えていきます。

まず投資信託を選ぶ前に、**あらかじめ、運用の目的・目標を確認しておきましょう。**教育資金なのか老後のための資金なのか、その目的によって必要とする金額は異なり、運用の安全性の程度も変わってきます。ライフプラン（46ページ参照）をしっかり立て、運用目的を確認したうえで、自分に合った投資信託のタイプを検討していきましょう。

リスク・リターンをしっかり把握

投資信託を対象資産と対象地域で分類すると、次ページの図のようになります。

中核となる投資信託として、「国内株式型」「国内債券型」「海外株式型」「海外債券型」の4つがあり、これらが基本的な投資先となります。

一般に、株式は値動きが大きく、債券は株式にくらべ安定しているので、株式のほうが債券よりもハイリスク・ハイリターンとなります。また、海外の資産のほうが、為替リスクが発生するため、ハイリスク・ハイリターンとなります。

商品内容やリスク・リターンをしっかり把握し、自分の目的・目標に合ったタイプの投資信託を選ぶことが大切です。

「投資信託の対象資産と対象地域による分類」

投資対象地域／投資対象資産	国内		海外
株式	**国内株式型**	バランス型	**海外株式型**
債券	**国内債券型**		**海外債券型**
REIT(不動産)	国内REIT型		海外REIT型
その他	コモディティ（商品)など		

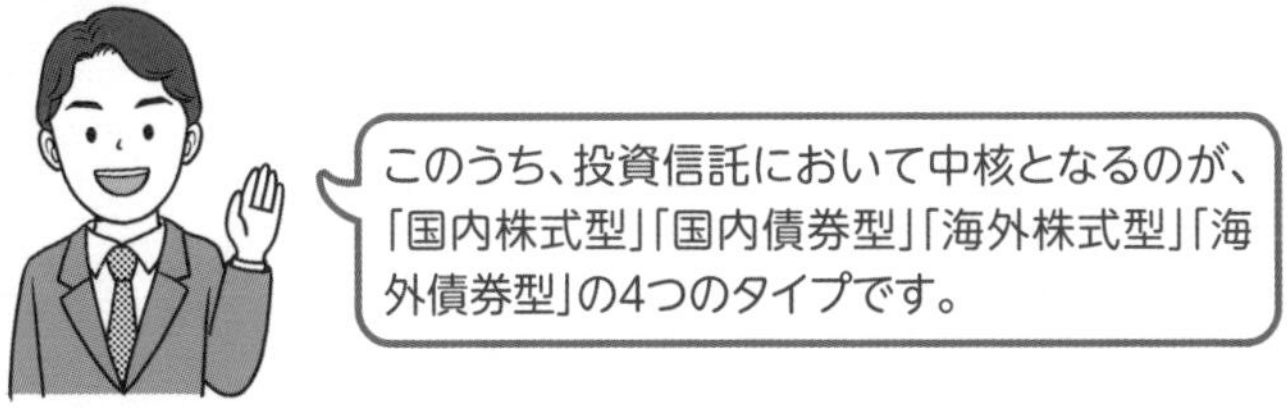

「4タイプのリスクとリターンのイメージ」

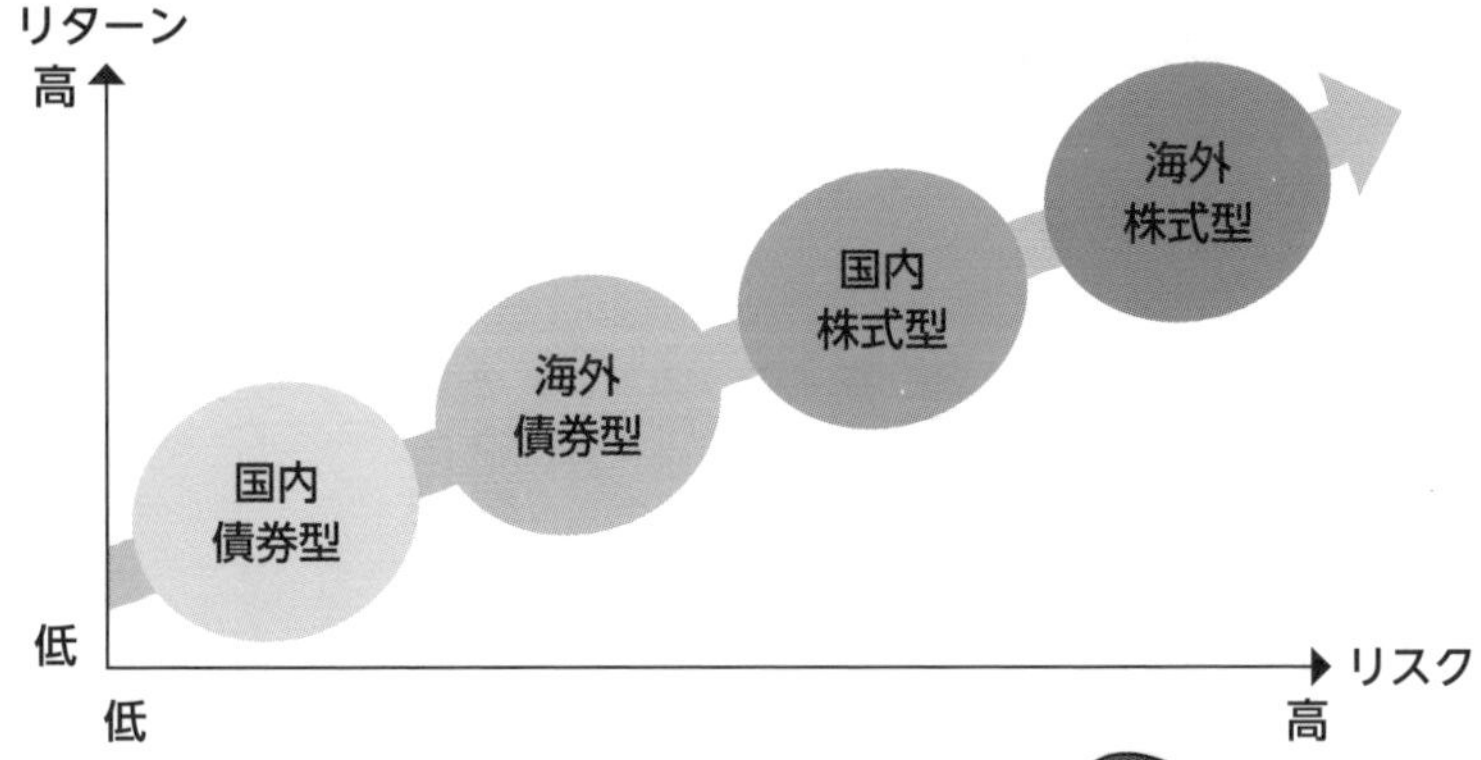

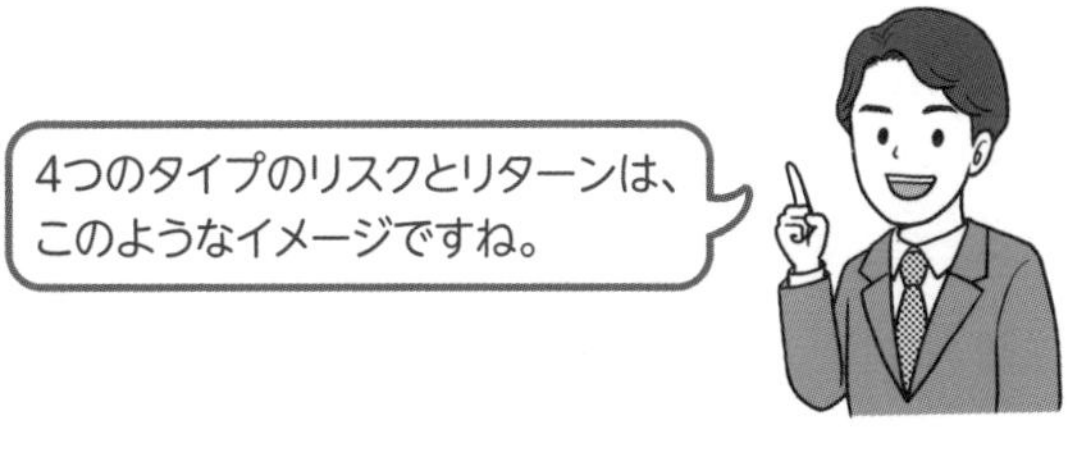

はみ出しメモ　ESG投資や、AIなどのテクノロジー関連などのテーマに沿って投資を行うファンドもある。興味のある投資テーマから投資信託を選ぶのも1つの方法。

投資信託選び② ポイントをチェック

● 投資信託選びのチェックポイント

続けて投資信託選びについて説明していきますが、具体的に投資信託を選ぶ際には、次のようなポイントをチェックしましょう。

①運用実績を比較する

投資信託の運用実績を調べたり、ベンチマークと比較したりします。また、値動きもチェックしましょう。

運用実績などを比較する場合は、短期間では判断できません。**最低でも3年、できれば5年以上の運用状況を確認する**ようにしましょう。

②手数料等のコストを確認する

96ページで見たように、投資信託は購入時、解約時、そして保有している間にも費用がかかります。**どのタイミングで費用が高く設定されているかは投資信託ごとに異なる**ため、注意が必要です。購入前に、あらかじめ購入してから解約するまでにかかる費用を比較しておくことが重要です。

③純資産総額を比較する

純資産総額は投資信託の規模を示しています。投資信託を安定的に運用していくためには、ある程度以上の規模が必要です。規模が小さいと多くの銘柄に資金を振り分けることができず、分散効果が小さくなったり、資金の出入りの影響も大きく受けたりするため、効率的な運用ができなくなることがあります。

● 目論見書は重要な情報が記載された書類

ほかにも、ファンドの目的やリスクなどについてチェックしていきますが、これらの**ポイントは、目論見書（投資信託説明書）などで確認することができます**。目論見書とは、そのファンドが何に投資して、どのように運用され、どのようなリスクがあり、費用はどれくらいかかるのかなど、**ファンドの重要な情報が記載された書類**です。

投資信託の購入の前に必ず目を通すようにしましょう。

「目論見書でチェックしたい項目」

記載内容

- ファンドの目的・特色
- 投資リスク
- 運用実績
- 手続き・手数料など

〈交付目論見書のイメージ〉

〈ファンドの運用実績〉

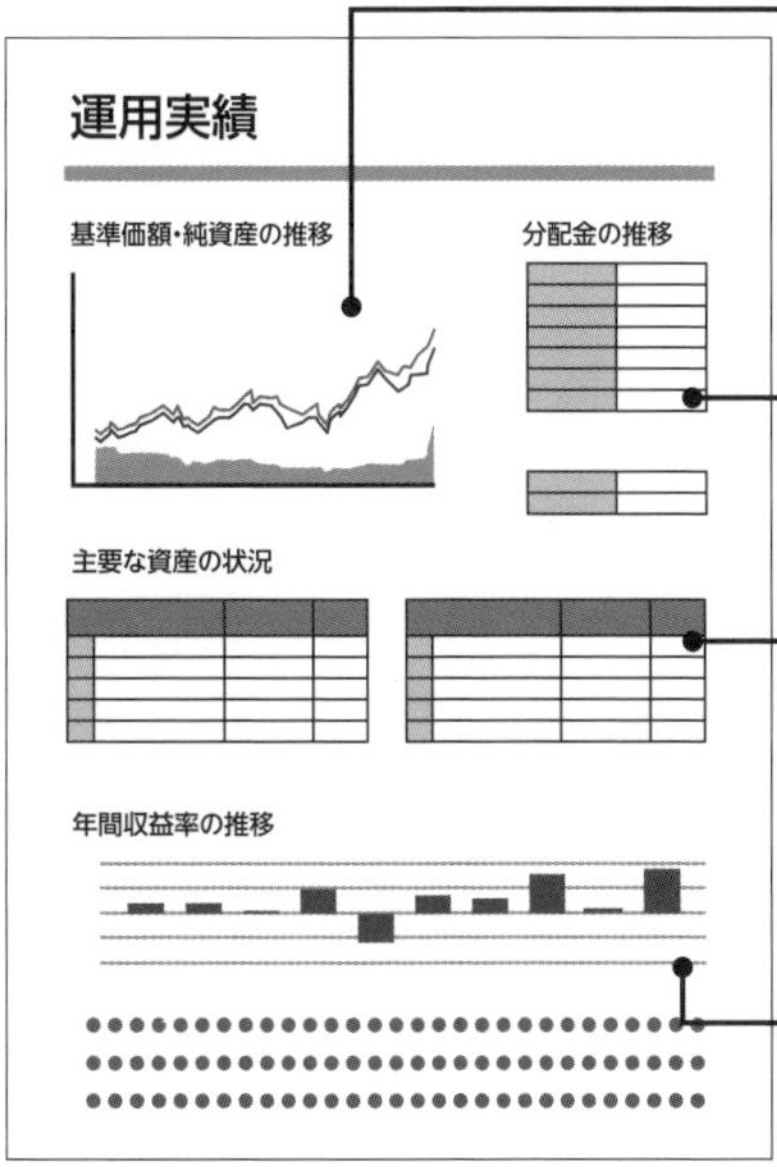

● 基準価額・純資産の推移
☞ 基準価額および純資産総額の推移が確認できる。

● 分配金の推移
☞ 課税前の分配金の金額を確認することができる。

● 主要な資産状況
☞ 組入資産や通貨の構成比率、組入上位銘柄の投資比率を記載している。

● 年間収益率の推移
☞ ファンドの収益率がどれくらいだったかの推移を確認できる。

はみ出しメモ　目論見書には、「交付目論見書」と「請求目論見書」がある。「交付目論見書」は、事前または購入時に販売会社より投資家への交付が義務づけられている。

投資信託を売買する方法は？

まずは口座開設から

投資信託を売買する場合も、まずは販売会社に口座を開設する必要があります。この口座の開設については第5章で解説します。ここでは、現在口座を開設したという前提で、現在主流のインターネットでの投資信託の売買について紹介します。

投資信託の購入の流れ

まずはNISA用の口座に入金します。銀行振り込み・引き落とし、クレジットカード払い、提携ポイントの使用など、**金融機関によってさまざまな入金方法があります**。

入金ができたら、証券会社のホームページから投資信託のページを開き、購入するファンドを選びます。

次に、買付方法を選びます。投資信託の買付方法は金額買付（金額指定）と口数買付（口数指定）があります。金額買付は、購入する金額を指定して購入する方法、口数買付は購入する口数を指定して購入する方法です。金融機関や投資信託の種類によって、購入方法が異なる場合もあります。

購入する際には、前項で見た目論見書の確認が求められます。投資リスクや手数料など、重要な内容が記載されているので、ここでしっかり確認して、操作を進めていきます。購入金額と分配金受取方法（98ページ参照）を指定し、取引パスワードを入力したら、確認画面で再度内容を確認し、買付完了です。

投資信託を売却する場合も、同様に操作画面の手順にそって手続きを進めていきます。なお、売却のことは「解約」ともいいます。

投資信託の購入の手順

①口座開設・入金	口座開設については 126 ページ参照
②購入したい銘柄を指定	検索画面から購入するファンドを選ぶ
③買付方法を選択	金額買付か口数買付を選ぶ
④目論見書を確認	ファンドの目的・特色、投資リスク、運用実績、手続き・手数料などを確認する
⑤注文入力	預り区分・購入金額・分配金受取方法を指定。取引パスワードを入力する
⑥確認画面	注文内容を確認して発注する
⑦買付完了	いよいよ運用開始！

※この図は手順の概要を示したもので、実際は証券会社によって異なります。

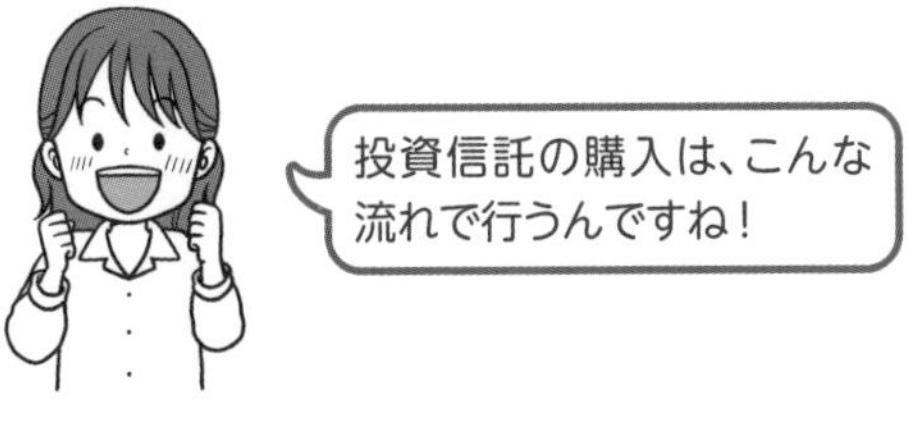

はみ出しメモ 投資信託はいつでも解約・換金できるが、入金されるまでに所定の日数がかかる。

11 コツコツと積み立てる投信積立

● 投信積立のメリット

投資信託を月に１回など**定期的に、決まった金額ずつ購入していく投信積立**という投資方法があります。

投信積立は、最初に投資するファンドを決めて、毎月の積立金額を設定すれば自動的に継続して購入されるため、その後の購入手続きは必要ありません。

投信積立は自分で売買のタイミングをはかる必要がないので、「いつ買ったらよいのか」「いつ売ったらよいのか」を考えることなく、投資をすることができます。

また、**決まった金額ずつ購入していくので、60ページで見たドル・コスト平均法の効果を期待することができます**。

投信積立は、少額からはじめられることも大きな魅力といえます。

金融機関によって最低投資金額は異なりますが、銀行などの場合は１，０００円程度から、ネット証券などでは１００円からはじめられるところもあります。

ですから、初心者におすすめの投資方法といえるでしょう。

● 手数料や元本保証ではないことに注意！

投資信託には手数料がかかることはすでに説明しましたが、長期に積み立てていく場合、この手数料が重要になります。

各種手数料がどのくらいかかるのかを確認し、**手数料が安い金融機関・投資信託を選ぶ**ようにするとよいでしょう。

また、投信積立も投資信託なので、**元本の保証はされていません**。元本割れするリスクがあることも理解しておく必要があります。

投信積立の3つのメリット

メリット①
手間がかからない

自動的に購入してくれる

メリット②
ドル・コスト平均法の効果

時間の分散効果が期待できる

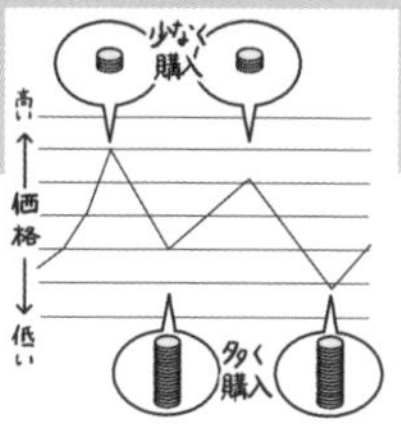

メリット③
少額からはじめられる

最低投資金額が 100 円の
金融機関もある

投信積立の注文方法

①投資したいファンドを選び、積立買付を選択する

↓

②目論見書を確認する

↓

③月々の積立額金額を入力する

↓

④取引パスワードを入力して、買付完了

はみ出しメモ 投信積立は長く続けることが大切。ただし、運用管理費用（信託報酬）は、投資信託を保有している期間を通して負担することになるので、この手数料に注意。

12 株式のように売買できるETF

証券取引所に上場している投資信託

特定の指数の動きに連動する運用成果を目指す

E《イー》T《ティー》F《エフ》は、「Exchange Traded Funds」の頭文字をとったもので、「上場投資信託」とも呼ばれます。

ETFは特定の指数、たとえば日経平均株価や東証株価指数（TOPIX）などの動きに連動する運用成果を目指し、**証券取引所に上場している投資信託**です。

ETFが連動する指数は株式だけでなく、債券、REIT（114ページ参照）、通貨、コモディティ（商品）などの指数もあります。また、国内だけでなく、海外の株価指数などに連動するものもあります。

簡単に分散投資できる

ETFは、簡単に分散投資を行うことができ、比較的少額で株価指数などを買うのと同じような効果が期待できます。

たとえば、ETFの代表的な商品として、東証株価指数（TOPIX）に連動するETFがあります。このETFは、指数であるTOPIXの値動きとほぼ同じ値動きをするように運用されます。

つまり、このETFを保有することで、TOPIX全体に投資を行っているのとほぼ同じ効果を得ることができます。

保有費用が安く、株式と同じように売買できる

ETFは保有費用が安いため、長期投資にも適しています。

保有している間のコストは、おもに信託報酬（運用管理費用、96ページ参照）ですが、一般的に、ETFはこの信託報酬の金額が普通の非上場の投資信託にくらべて安いといわれています。

また、**ETFは取引所の取引時間中であればいつでも売買が可能**で、株式と同じように相場を見ながら**リアルタイムで指値注文や成行注文で売買する**ことができます。

ETFの値動きイメージ

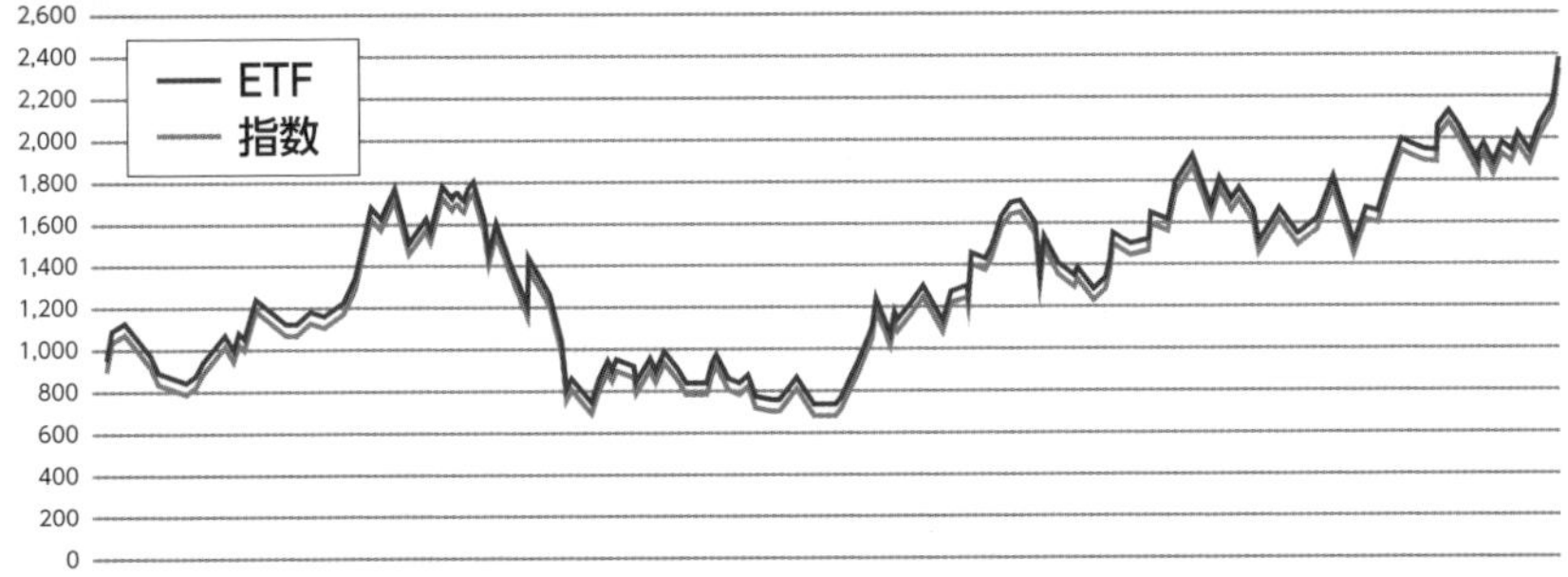

ETFのメリット

メリット①
比較的少額で分散投資できる

メリット②
保有コストが安い

メリット③
リアルタイムで売買できる

株式・投資信託・ETFの比較

	株式	投資信託	ETF
上場・非上場	上場	非上場	**上場**
販売会社	証券会社	証券会社、銀行等	**証券会社**
取引可能時間	証券取引所の取引時間	販売会社が決める時間中	**証券取引所の取引時間**
取引価格	リアルタイムで変動する市場価格	1日1回算出される基準価額	**リアルタイムで変動する市場価格**
購入方法	証券会社を通じ、市場で指値・成行注文	販売会社を通じ、基準価額をもとに購入価額を算出して購入	**証券会社を通じ、市場で指値・成行注文**

用語 **TOPIX（東証株価指数）** Tokyo Stock Price Indexの略で、東京証券取引所に上場する銘柄を対象として算出・公表されている株価指数。

13

不動産で運用する不動産投資信託

株式のように売買できるJ-REIT

J-REITは上場している不動産投資信託

REIT（リート）については103ページで軽く触れましたが、REITとは、**投資家から集めた資金で不動産への投資を行い、そこから得られる賃貸料収入や不動産の売買益を原資として投資家に配当する商品**で、一般的に「不動産投資信託」と呼ばれています。

もともとREITというしくみはアメリカで生まれ、日本では頭にJAPANの「J」をつけて「J-REIT」と呼ばれています。

J-REITは、証券取引所に上場されており、株式と同じように売買することができます。

J-REITのメリットとリスク

通常、不動産へ直接投資するためには、多額の資金が必要になりますが、J-REITは**比較的少額からはじめることができます**。また、多くの投資家から資金を集め、大きな資金として運用するため、個人では難しい、**複数の不動産への分散投資も可能**となります。

そして、実物の不動産投資と異なり、管理などのわずらわしい業務も不要です。J-REITでは不動産の管理・運営から売買まで、運用全般をプロが行います。

J-REITは証券取引所に上場されているので、**売買の注文がいつでもでき、日々変動する価格をリアルタイムで知ることもできます**。

さらにJ-REITは、利益のほとんどを投資家に分配するしくみになっているので、実際の不動産に投資するのと同様に、不動産からの収益を毎期の分配金として受け取ることができます。

J-REITにはこのようなメリットがある一方で、さまざまなリスクもあります。**取引価格が変動するので、元本や利回りが保証されていません**し、次ページのようなリスクもあります。

J-REITのしくみ

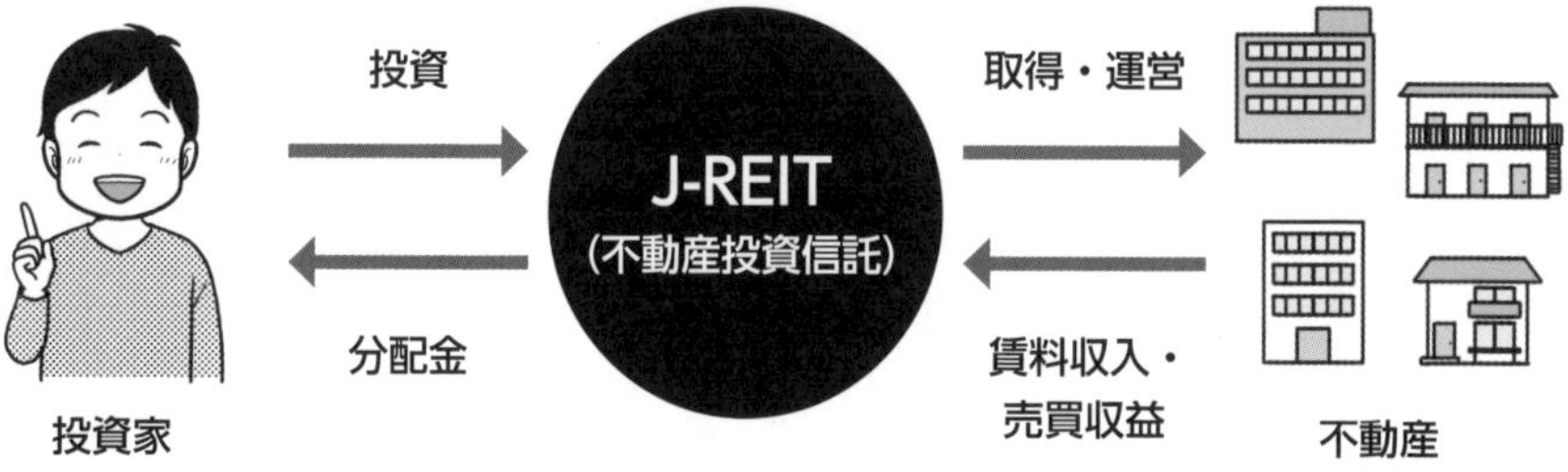

J-REITのメリット

メリット①
比較的少額から購入できる

メリット②
複数の不動産に分散投資が可能

メリット③
専門家が運用する

メリット④
株式と同じように売買できる

メリット⑤
収益のほとんどが分配される

J-REITのおもなリスク

不動産市場のリスク	賃貸・売買市場、金利環境、経済情勢などでJ-REITが保有する物件の賃料収入が減少、保有物件自体の価格が低下し、価格や分配金が変動する可能性
金利変動リスク	J-REITが金融機関からの借入を行って資金調達している場合に、金利の変動がJ-REITの収益に影響を及ぼし、価格や分配金が変動する可能性
地震・火災などによるリスク	投資対象の不動産が地震や火災の被災を受けた場合など、予想不可能な事態によって価格や分配金が変動する可能性

はみ出しメモ
J-REIT は、配当可能利益の 90%超を分配するなどの要件を満たせば、法人税が課税されない。そのため、税引き前利益のほとんどを配当金として分配する。

14

国や会社がお金を借りるときに発行される

債券とはどのようなもの？

さまざまな金融商品がある

　本書では、NISAの対象商品である株式と投資信託を中心に取り上げていますが、金融商品にはさまざまなものがあります。また、投資信託は、株式に限らずさまざまな金融商品・資産を投資対象としています。

　ここからは、株式と投資信託以外のいくつかの金融商品について紹介していきます。

　まずは、債券についてです。債券はこれまで何度も登場してきた金融商品ですが、ここで債券とは、どのようなものか改めて確認しておきましょう。

債券は借用証書のようなもの

　債券は、国や地方公共団体、会社などが、お金を借りるときに発行されます。通常、お金の貸し借りをするときには、借用書や借用証書という書類がやりとりされますが、債券も同じようなものといえるでしょう。

　国がお金を借りるときに発行する債券を「国債」といい、株式会社がお金を借りるときに発行する債券を「社債」といいます。債券は、あらかじめ何年後にお金を返すのかを決めて発行されます。その期限のことを満期といいます。借りる期間が5年であれば5年経つと満期になります。そして、満期になると借りたお金は全額返さなければなりません。

　また、お金を借りている間は、毎年そのお金の使用料として利息を支払う約束になっています。

　債券はさまざまな種類のものが発行されていますが、価格変動リスクや信用（デフォルト）リスクなど、**債券によってリスクもさまざま**です。個人が気軽に購入できるものは、それほど多くはないといえるでしょう。一般の個人向けの商品としては、個人向け国債があります。

NISAを利用して債券に投資する方法

　債券は、NISAの対象商品と

なっていません。ですから、NISAを利用して直接債券に投資することはできません。

ただし、**成長投資枠では、債券に投資する投資信託を購入することができます**。つみたて投資枠では、債券のみに投資する投資信託は対象外となっています。そのため、つみたて投資枠では複数の資産に投資する**バランス型の投資信託**（132ページ参照）を活用することになります。

債券のしくみ

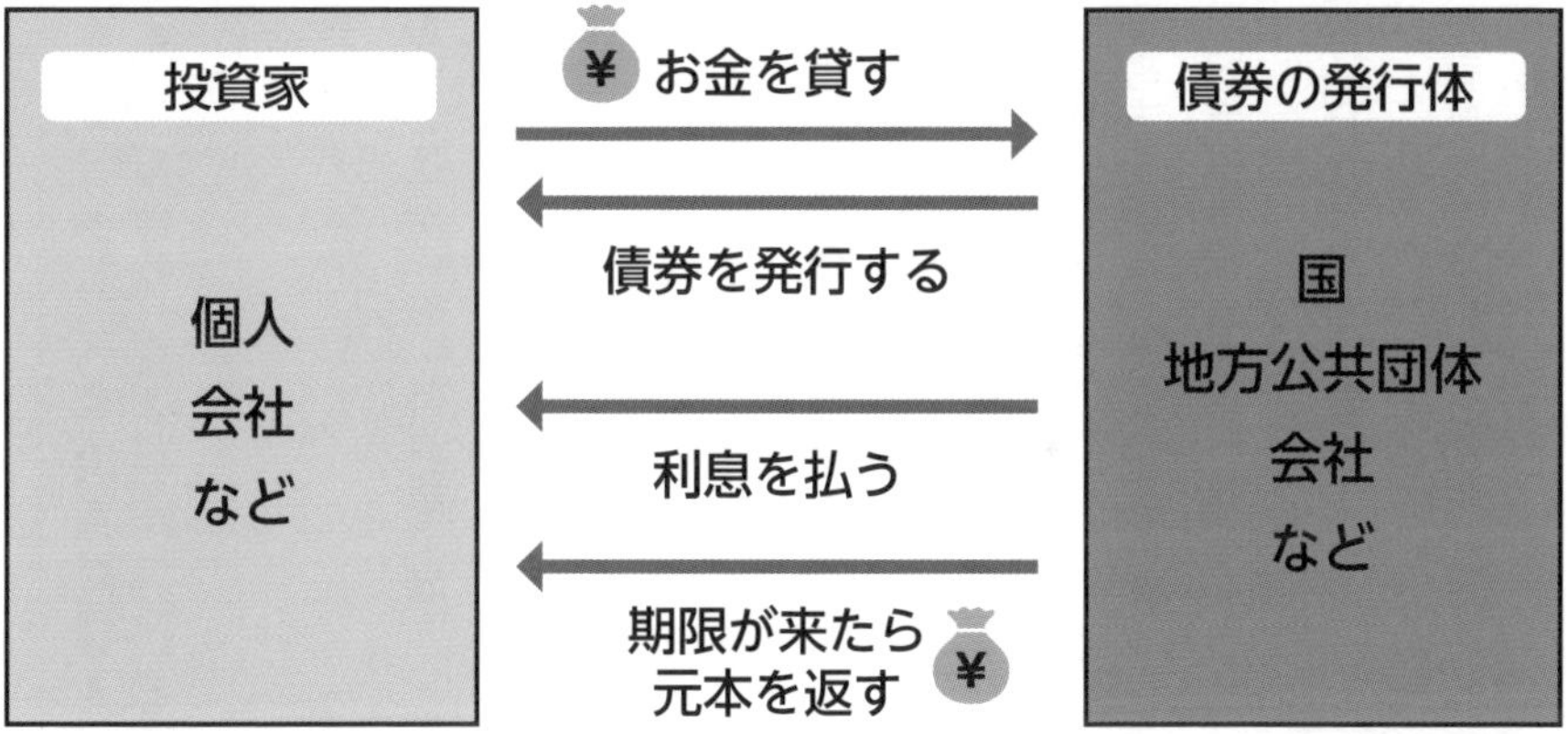

NISAを利用した債券への投資

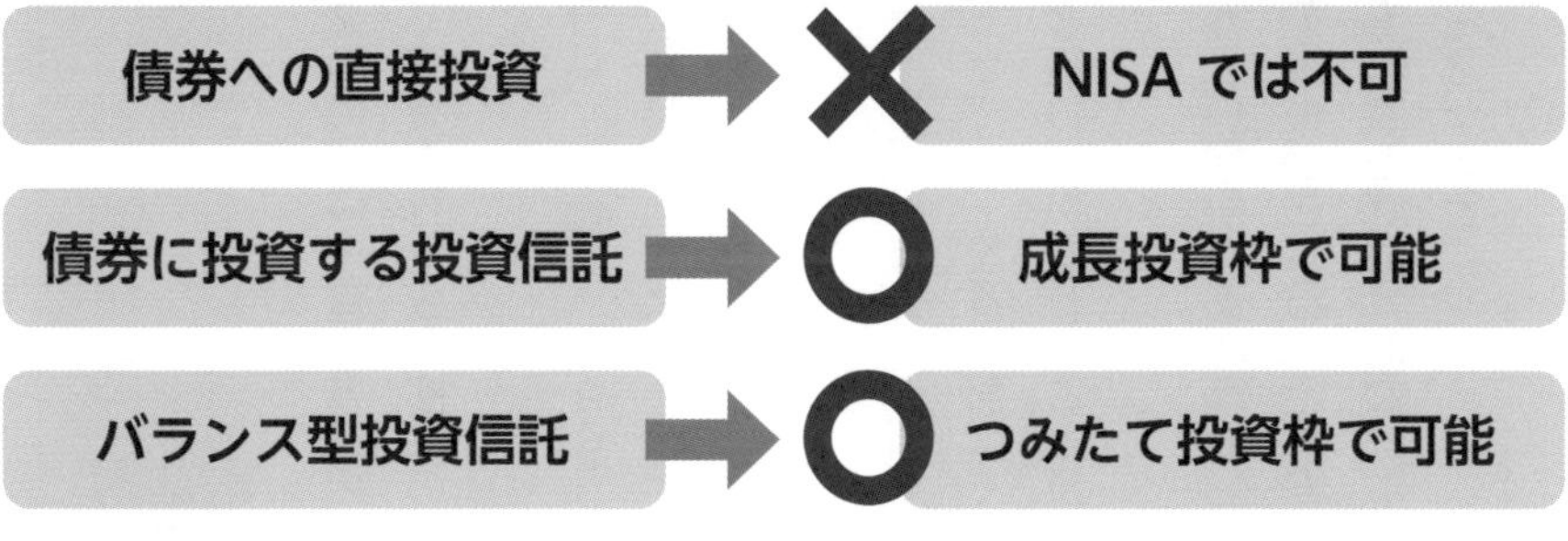

はみ出しメモ　一般の個人でも購入しやすい債券として個人向け国債がある。全国の取扱金融機関で購入できる。ただし、NISAの対象外。

15

外貨建て商品や金投資もある

その他のさまざまな金融商品

外貨で運用する外貨建て商品

その他の代表的な金融商品として、**米ドルやユーロなどの外貨建てで運用する外貨建て商品、金投資、ＦＸ（外国為替証拠金取引）などがあります**。

外貨建て商品には、比較的身近なものとして外貨預金があります。外貨預金は外貨建てで行う預金で、普通預金・定期預金などがあります。日本円との金利差によっては、円建て預金よりも高い金利がつくこともあります。外貨ベースでは元本保証ですが、為替変動の影響を受けます。また、預け入れ・引き出しの際に為替手数料がかかります。

外貨預金のほかにも、外貨建て商品として外国投資信託、外国債券、外国株式などがあります。

金は利息はつかないが価値は安定

金は、他の金融商品と異なり、利息や配当はつきませんが、価値が安定しています。景気の影響を受けにくく、安全性が高いといわれます。

金投資の方法には、純金積立や金ＥＴＦ、投資信託などがあります。

ＦＸ取引には注意が必要

外国為替証拠金取引は、顧客が証拠金（担保）を預けて、日本円と米ドルなど、２つの国の通貨の為替相場を予測して売買を行う金融商品のことです。

外国為替は、英語で「Foreign Exchange」と表すことに由来して、外国為替証拠金取引は、通称、「ＦＸ」といわれます。

ＦＸ取引は、少額の資金で取引をはじめることができ、投資金額にくらべて大きな額の取引を行うことができます。

資金効率がよい取引である反面、証拠金以上の損失が生じるおそれがあり、元本も利益も保証されない取引なので、注意が必要です。

外貨預金の概要

預金の種類	普通預金、定期預金など
預入金額	1,000円相当額からなど金融機関によって異なる
金　利	金融機関、通貨、預入金額によって異なる
リスク	為替の動向によっては為替差損が生じることがある

金投資の種類

純金積立

- 月々の購入金額を日割りにした一定金額で、金を営業日ごとに自動的に購入する。
- 「ドル・コスト平均法」によって、金の価格が高いときは少ない量の金を、金の価格が安いときは多くの量の金を購入することになる。

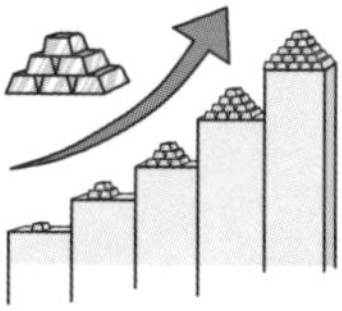

金ＥＴＦ

- 金の相場に価格が連動するように運用される投資信託。
- 証券取引所に上場し、株式と同様に値動きを見ながらリアルタイムで売買できる。
- 株式を売買するように金に投資することができる。

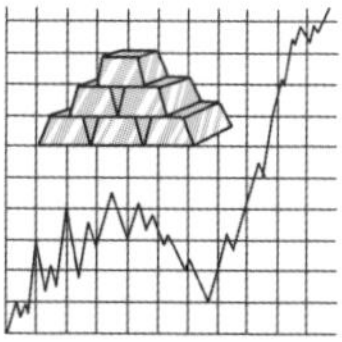

金は、金そのものに価値があるので、株式や債券など、発行体が破たんしたら価値がなくなる金融商品にくらべて安全とされています。また、希少性が高く、品質が変わらず、世界中どこでもほぼ同じ価値で換金できる点がメリットといえます。

はみ出しメモ 貴金属店や地金商などで、金地金《きんじがね》（保管しやすい形にした金の塊）や金貨を購入することができる。盗難などのリスクがあるので、保管には注意が必要。

コラム　ESG投資、SDGs投資とは？

ESGとは、環境（E: Environment）、社会（S: Social）、ガバナンス（G: Governance）※の英語の頭文字を合わせた言葉です。現在、企業が長期的に成長するためには、経営においてESGの３つの観点が必要だという考え方が世界中で広まっています。

ESG投資は、企業の財務的な観点に加え、非財務データであるESGを重視して投資を行います。これは、ESGに配慮している企業は、経営の持続的な成長が見込まれ、財務諸表からは読み取れないリスクが少ないとされているからです。この方法は近年とても注目されており、多くのファンドで取り入れられています。

SDGsは、2015年９月の国連サミットで採択された「持続可能な開発のための2030アジェンダ」に掲げられた、「持続可能な開発目標（Sustainable Development Goals）」のことです。SDGsは、すべての国を対象に、経済・社会・環境の３つの側面のバランスがとれた社会を目指す世界共通の目標として、17のゴールとその課題ごとに設定された169のターゲット（達成基準）から構成されています。

投資をする際に、企業の財務状況だけでなく、SDGsの取り組みに力を入れているかどうかも検討するべきだという考えかたも広がっています。SDGsの達成への貢献が期待されている企業に投資する投資信託も登場しています。投資先を考える際には、ESG、SDGsの視点も加えてみるとよいでしょう。

※ガバナンス（Governance）……企業統治のこと。

第5章

新NISAを活用して かしこく資産運用！

実際にNISAをはじめるには、NISA口座を開設する必要があります。金融機関選びや口座開設の方法を解説するとともに、NISAの具体的な活用法について紹介していきます。

はーこんなにいろんな商品があるんですね…
ローリターンでもローリスクのものがいいな
はいっ
私はリスクが高くてもハイリターンに挑戦してみたい！
親子でも性格が全然違いますね
そうですね なので ライフプランとリスク許容度に合わせて 自分自身に合った方法で 運用していくことが 大事です
RISK
RETURN
実際に資産運用をはじめるときはまず 金融機関でNISA用口座を開きます
NISA用口座開設
BANK
投資したい商品を扱っている 金融機関から選ぶようにします
口座を開設したら いよいよ商品を選んで 注文をします
はいっ
せっかくなので年間の 投資枠で買えるだけ 買ってみたいです！
無理だろう そんなの！

年間投資枠はありますが上限まで使わないといけないわけではありませんよ
初心者のうちは無理のない金額でね
まずはつみたて投資枠で無理なく投資信託を積み立てて
¥
成長投資枠
つみたて投資枠
大きなお金が入ったタイミングや資金に余裕が出てきたときに成長投資枠を使ってみるというのも手ですよ
途中で変えていいんですね！
もちろんです
ブツ
ブツ
なるほど…少しは資金に余裕もあるし いまは出費も落ち着いているから定年までは手数料の少ない投資信託で…
ブツ
ブツ
えっ お父さんがすっかりやる気になってる！
私には何がおすすめか教えてくださ～い！

01

まずは金融機関選びから
新NISAをスタートさせよう!

取り扱っている商品を確認する

NISAをはじめるためには、銀行や証券会社などにNISA口座を開設する必要がありますが、口座を開設できる金融機関はたくさんあります。NISA口座は1つの金融機関でしか開設できないので、よく比較・検討して選びましょう※。

まず、これから自分が投資してみたい金融商品を取り扱っているかどうかが大きなポイントとなります。

これまで見てきたように、株式や投資信託など、さまざまな商品がありますが、金融機関によって購入できるNISA対象商品は異なります。

たとえば、株式を購入しようと思っていても、銀行では株式の取引ができません。複数の投資信託で運用しようと思っていても、選んだ金融機関の投資信託の品ぞろえがよくなかったということも起こり得ます。

ですから、まずはNISA口座で取引したい商品の取り扱いがあるかどうかを確認することが重要です。

手数料などを比較・検討する

手数料などのコストについても確認しておくことが大切です。株式投資の取引手数料や投資信託の買付手数料などは、金融機関によって異なります。今後かかるコストについても比較・検討しておきましょう。

また、最低投資（積立）金額も金融機関によって異なるので、確認しておくとよいでしょう。

なお、ネット証券はNISA口座で取引できる商品を数多く取り扱っており、手数料も低めに設定されています。

※年単位で金融機関を変更することは可能。

金融機関の選びかた

取り扱っている商品を確認

株式	投資信託
ETF	REIT

銀行は投資信託を扱うのに対して、証券会社は投資信託はもちろん、株式、ETF、REITなどを扱う会社が多い。

手数料などを比較・検討

金融機関選びは、手数料を比較することも大事なんですね。

ネット証券

インターネットを使い慣れている人、個別の株式や海外のETFなども購入したい人などは、ネット証券が有力な選択肢になります。取り扱っている商品が多く、手数料も安い点がメリットといえます。

証券会社・銀行

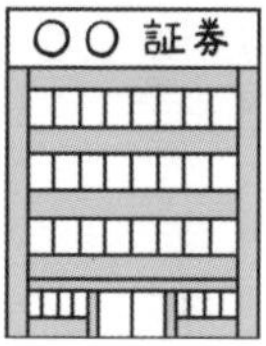

オンラインでの手続きなどに不安を感じる人、専門家に相談しながら進めたい人は、対面型証券会社の窓口に行くのもおすすめ。つみたて投資枠だけを使って投資信託の積み立てをする場合、給与振込先の銀行でそのままはじめるという選択肢もある。

この他に、銀行との入出金の利便性が高いこと、取引ツールの使いやすさや投資情報の量と質など、NISA口座を開設する金融機関選びにはさまざまな選択方法があります。

はみ出しメモ 毎月積み立てが一般的であるが、金融機関によっては積み立ての頻度を選べるところもある。

02 口座開設はWebが便利

NISA口座を開設しよう！

● NISA口座の開設の流れ

金融機関が決まったら、NISA口座を開設しましょう。口座を開設するのも、Webサイトから口座開設の申し込みができるネット証券が便利です。

口座開設の手続きは、どのネット証券でもだいたい同じ要領で行うことができます。

証券総合口座開設の申し込みページでNISA口座を同時に開設するように選択すれば、証券総合口座とNISA口座を同時に申し込むことができます。本人確認書類は、マイナンバーカードなどを撮影し、アップロードするだけで手続きすることができます。

証券会社に申し込みする場合、はじめて口座を開設するのか、すでに証券総合口座を持っているかで、手続きが異なります。

証券総合口座を開設済みの場合は、比較的簡単に手続きをすることができます。まだ口座を開設していない場合は、証券総合口座開設の手続きも必要になります。

銀行で口座を開設する場合も、ほぼ同様の手順で行います。

なお、証券会社でも銀行でも、必要書類を提出すると、金融機関が税務署に申請し、税務署で審査・承認が行われます。

● すでに口座を開設している場合

すでに一般NISAやつみたてNISA口座を保有している場合は、2024年からは同じ金融機関で自動的に新NISA口座が開設されます。

第1章でも紹介しましたが、**2023年までに保有していた商品は、新しいNISA口座に移管することはできません。**

ただし、非課税期間中はそのまま非課税で保有することが可能です。

NISA口座の開設手続きの流れ

① 金融機関にNISA口座開設の申し込み

オンラインで手続き。または、金融機関から書類を取り寄せ、記入・提出

金融機関によっては、この段階で仮開設として取引開始できる場合もあります。

↓

② 税務署への申請・審査

金融機関が税務署に口座開設の申請。税務署による審査

↓

③ 口座開設完了の連絡

金融機関から口座開設完了の通知が届く

↓

④ NISA口座での取引開始

口座に入金して取引開始

口座開設の方法については、各金融機関のホームページなどで確認してください。

はみ出しメモ 金融機関を変更する場合、現在利用している金融機関への変更の申請をして、変更届出書を提出。口座を開設したい金融機関に申し込みをして、書類を提出する。

03

つみたて投資枠からはじめよう！

新ＮＩＳＡではじめる資産運用

まずはつみたて投資枠を活用

ＮＩＳＡ口座の開設が完了したら、いよいよ資産運用をはじめましょう。といっても、何から手をつけたらよいのかわからないという人も少なくないでしょう。

そこで、まずはつみたて投資枠の活用から考えていきましょう。

つみたて投資枠の対象商品は、手数料が低水準、頻繁に分配金が支払われないなど、**金融庁の条件をクリアした長期・積立・分散投資に適した株式投資信託とＥＴＦに限定されています**。

ですから、投資初心者にも利用しやすくなっています。

インデックス型が初心者向き

投資信託は、第4章で紹介したように、運用方法で分けると、インデックス型とアクティブ型があります。

はじめて投資信託を購入する人には、インデックス型がおすすめといわれています。日経平均株価やＴＯＰＩＸなどの指数の動きに連動した運用を目指すのでわかりやすく、初心者向けといえます。

また、**インデックス型は、運用コストである信託報酬が低く抑えられている**ので、長期に運用する場合には大きなメリットといえます。

さらに、**つみたて投資枠で購入できる商品は、購入時手数料（販売手数料）がゼロ（ノーロード）**なので、継続して購入し続けていく場合も有利になります。

インデックス型で少額からコツコツと

第1章でも触れましたが、投資初心者や、長期的な資産運用をしたいという人の場合、まずは少ない金額からインデックス型の投資信託をコツコツ積み立てていくというのが基本的な方法といえるでしょう。

「つみたて投資枠の対象商品（株式投資信託）のおもな要件」

購入時手数料（販売手数料）	0円（ノーロード）
運用管理費用（信託報酬）	一定水準以下（国内のインデックス型の投資信託の場合は0.5%以下）
信託契約期間	無期限または20年以上であること
分配頻度	毎月でないこと（頻繁に支払われない）

「インデックス型が初心者におすすめ」

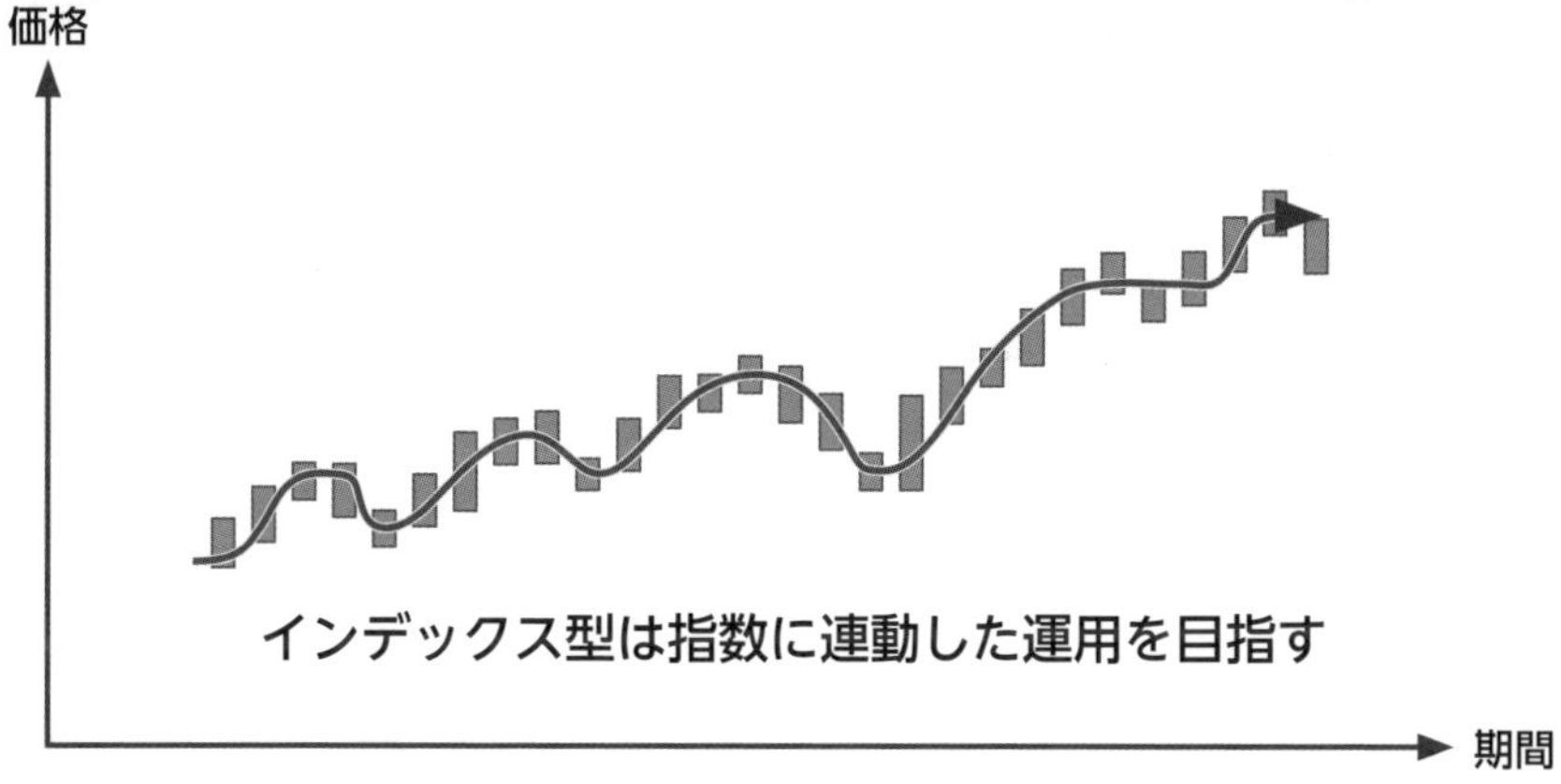

はみ出しメモ　つみたて投資枠の対象商品は、ほとんどが投資信託で、ETFは数が少ない。

04

指数を選び、ポイントをチェック！

インデックスファンドの選びかた

連動を目指している指数で選ぶ

インデックスファンド（インデックス型の投資信託）を選ぶ場合、NISAのつみたて投資枠で購入できる商品は限定されていますが、金融機関によっては、相当数の種類の商品を購入することができます。では、どのように選んでいけばよいのでしょう。

まず、**連動を目指している指数で選ぶ**方法があります。

インデックスファンドが連動を目指している指数には、さまざまなものがあります。

たとえば、国内型ではTOPIXや日経平均株価、海外型ではMSCI ACWI Index（MSCIオール・カントリー・ワールド・インデックス：世界の株式を対象とした株価指数）、FTSE Global All Cap Index（FTSEグローバル・オールキャップ・インデックス：全世界の株式市場の動向を表す株価指数）、S&P500（米国の主要500社を対象とした株価指数）などがあります。

国内の指数に連動しているインデックスファンドは、身近で、指数の動きも把握しやすいといったメリットがあります。

一方で、**世界の株式に分散投資できるので、海外の指数に連動しているインデックスファンドを選ぶ**方法もあります。

また、何本かのインデックスファンドを組み合わせるという方法もあります。

複数のファンドを組み合わせることで、幅広く全世界に投資することができます。

運用管理費用と純資産総額をチェック

どの指数に連動するファンドを購入するかを決めたら、次に**運用管理費用（信託報酬）が相対的に安いかどうかをチェックしましょう**。運用管理費用については、何度か触れましたが、日々発生する運用コストです。長期的に運用する場合、大きな差になっていきます。

そして、**純資産総額が安定的に増加しているかどうかをチェックしましょう**。

第4章でも少し触れましたが、純資産総額は、そのファンドにどれだけの資金が集まっているのかを表しています。

純資産総額が多いと、それだけ多くの投資家が投資していることを示しているので、信頼性の高いファンドであると判断することができます。

また、純資産総額が多いと、信託期間の途中で投資信託の運用が終了してしまう「繰上償還」のリスクが低くなります。

「インデックスファンド選び」

①どの指数に連動するファンドにするか

国内　　海外　　国内＋海外（組み合わせる）

②指数を決めたら次の２つをチェックする

運用管理費用（信託報酬）

コストが相対的に低いか？

例：○○ノーロード TOPIX → 0.187%
　　○○ TOPIX インデックス→ 0.44%

純資産総額

純資産総額が減少していないか？
安定的に増加しているか？

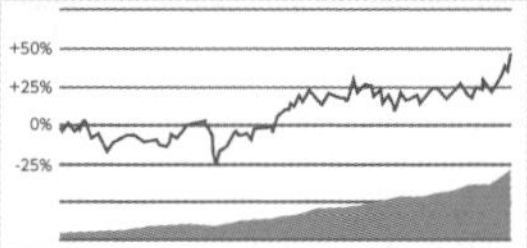

つみたて投資枠のインデックスファンドの運用管理費用は低めに設定されていますが、ファンドによって異なります。複数のファンドを比較してみましょう。

用語　**繰上償還**　投資家の換金などでファンドの規模が一定の水準を下回り、運用会社が効率的な運用ができないと判断した場合などに、当初の予定期限を繰り上げて償還すること。

05

1本のファンドで幅広く分散投資できる！

バランスファンドも選択肢の1つ

幅広く世界中の資産に分散投資

バランスファンド（バランス型投資信託）を選ぶという方法もあります。**バランスファンドは、1つの投資信託で国内外の株式や債券、REITなどに分散して投資するしくみ**です。バランスファンドは複数の種類の資産がセットになっているので、**1本のファンドを購入するだけで、幅広く世界中の資産に分散投資することができます。**

たとえば、8つの資産を8分の1ずつ8等分に投資すると仮定します。これを自分1人で実践しようとすると、国内外の8つの資産を自分で購入する必要がありますが、8等分の投資を自動で行ってくれるバランスファンドを購入すれば、それだけで8つの資産に分散投資することができます。ただし、バランスファンドに組み込まれている資産の種類や割合は、ファンドによって異なります。ですから、**そのファンドが何にどのくらい投資をしているかをしっかりと確認する必要があります。**

また、安定したリターンの獲得を目指すには、定期的に運用状況を確認し、資産配分が崩れている場合は、リバランス（次ページ「用語」参照）を行うのが有効です。**バランスファンドは、決められた資産配分比率が維持されるように、自動でリバランスが行われる**ので、手間がかかりません。バランスファンドのデメリットは、インデックスファンドに比べてコストが高い傾向にある点です。

アクティブ型の投資信託も購入可能

つみたて投資枠で、アクティブ型の投資信託を購入することもできます。積極運用するので高い利益を獲得できますが、期待どおりの利益を得られるとは限りません。運用コストも高めなので、コストに見合うリターンが得られそうかどうか、過去の運用実績、運用方法・方針などを調べ、慎重に判断しましょう。

バランスファンドのしくみ

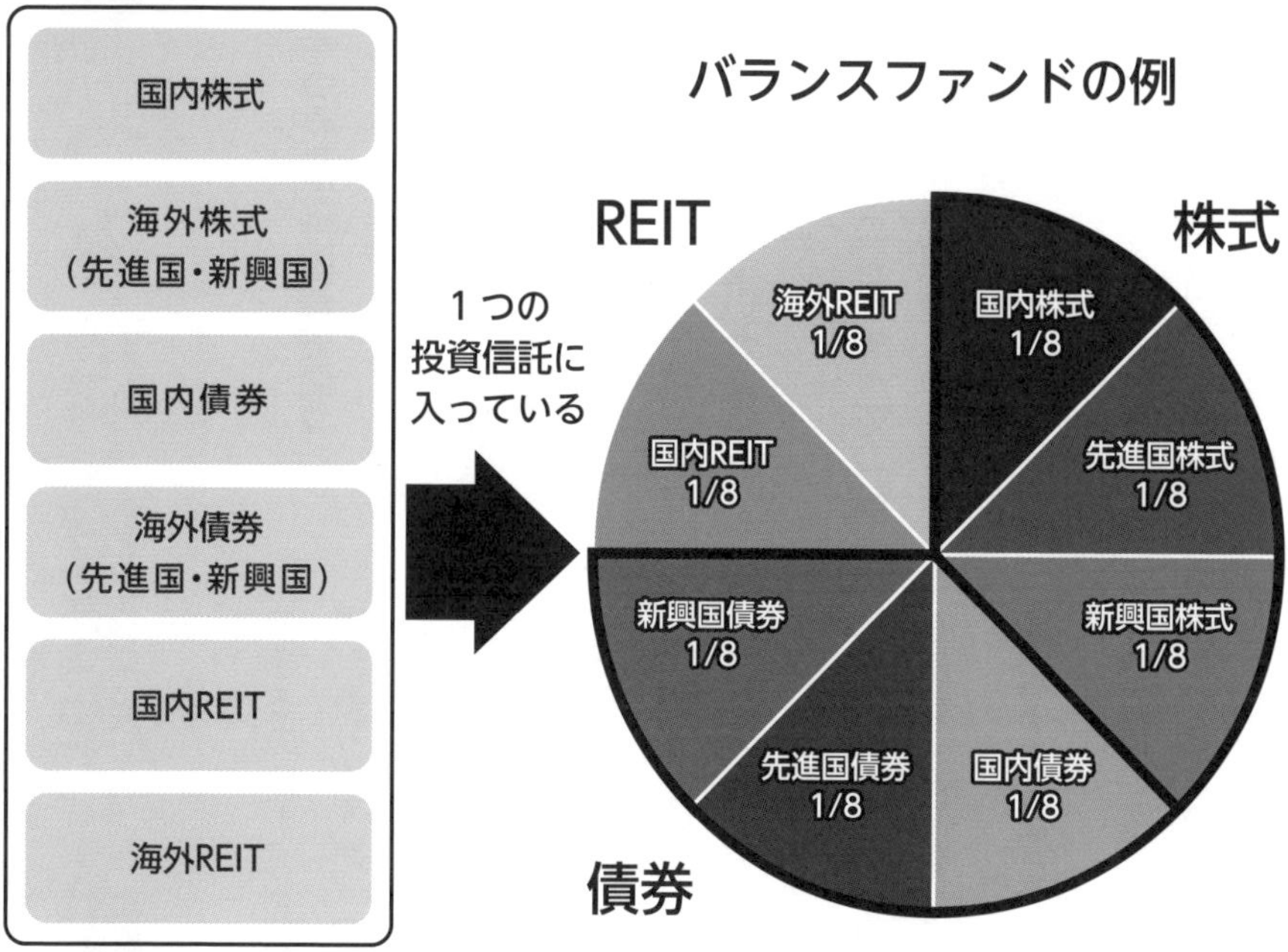

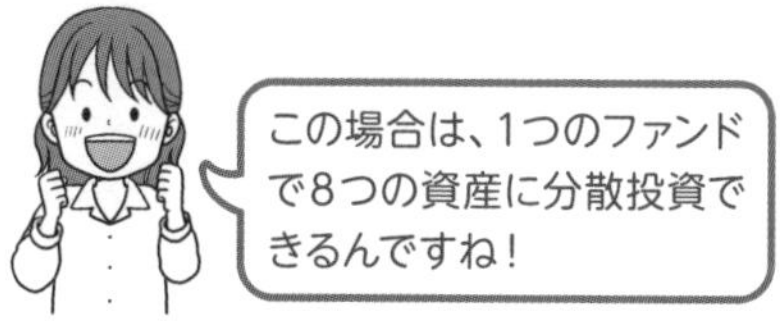

株式の比率が高いほど、ハイリスク・ハイリターン

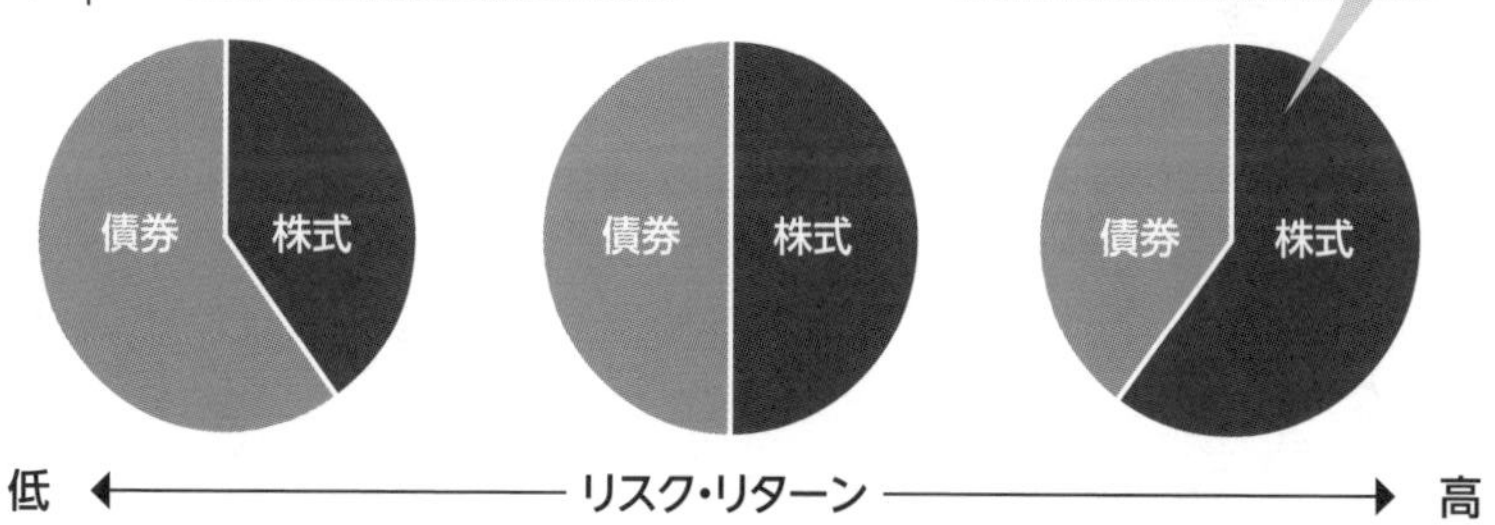

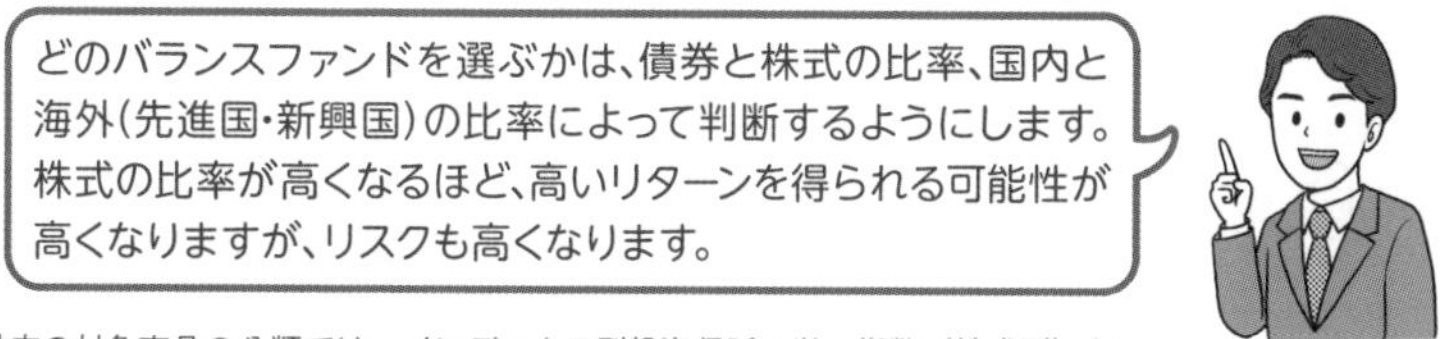

※金融庁の対象商品の分類では、インデックス型投資信託：単一指数（株式型）とインデックス投資信託：複数指数（バランス型）としている。

用語 **リバランス**　資産配分を定期的に見直し、調整すること。時間の経過とともに相場が変動し、当初決定した資産配分から変化した資産配分比率を定期的に当初の計画どおりに修正する。

06

成長投資枠は使うことも、使わないこともできる

つみたて投資枠と成長投資枠は併用可！

総枠をつみたて投資枠で使う

これまで、つみたて投資枠を中心に説明してきましたが、**新NISAではつみたて投資枠と成長投資枠を併用できる点が大きなメリット**です。ここからは、つみたて投資枠と成長投資枠の併用・使いかたについて考えていきましょう。

まず考えられるのが、**すべての枠をつみたて投資枠で使う**という方法です。併用できるといっても、必ず成長投資枠を使わなければならないというわけではありません。新NISAでは1,800万円の非課税保有限度額があり、成長投資枠で投資できるのは1,200万円という上限がありますが、つみたて投資枠にはこの上限がありません。

つまり、**非課税限度額の全部の枠をつみたて投資枠で使ってもかまわない**のです。

つみたて投資枠の年間投資枠は120万円なので、毎年120万円ずつ積み立てていくと、15年間で非課税保有限度額1,800万円の枠を使うことになります。

ボーナスなどで成長投資枠を使う

毎月の給与でつみたて投資枠を利用して積立投資を着実に行い、ボーナスなどのまとまった収入があったタイミングで成長投資枠を利用して上場株式を購入し、配当や値上がり益、株主優待を狙うこともできます。

NISAでは株式の配当金も非課税なので、高配当の銘柄に投資をするという方法もあります。株式を長期で保有するつもりで投資をする場合、配当が非課税というのは大きなメリットになります。

また、**成長投資枠で投資できる投資信託は、つみたて投資枠よりもバリエーションが豊富です**。

新興国株式や不動産を対象とする商品を購入するなど、少しリスクを取った投資にチャレンジしてみることもできます。

「つみたて投資枠だけを使う」

非課税保有限度額
1,800万円

つみたて投資枠だけで
非課税保有限度額を使う

2つの投資枠を併用しないで、つみたて投資枠だけ使うという方法もあるよ。

上場株式等に投資しない場合はこの方法でもよいと思います。

「つみたて投資枠と成長投資枠を併用する」

つみたて投資枠を使う

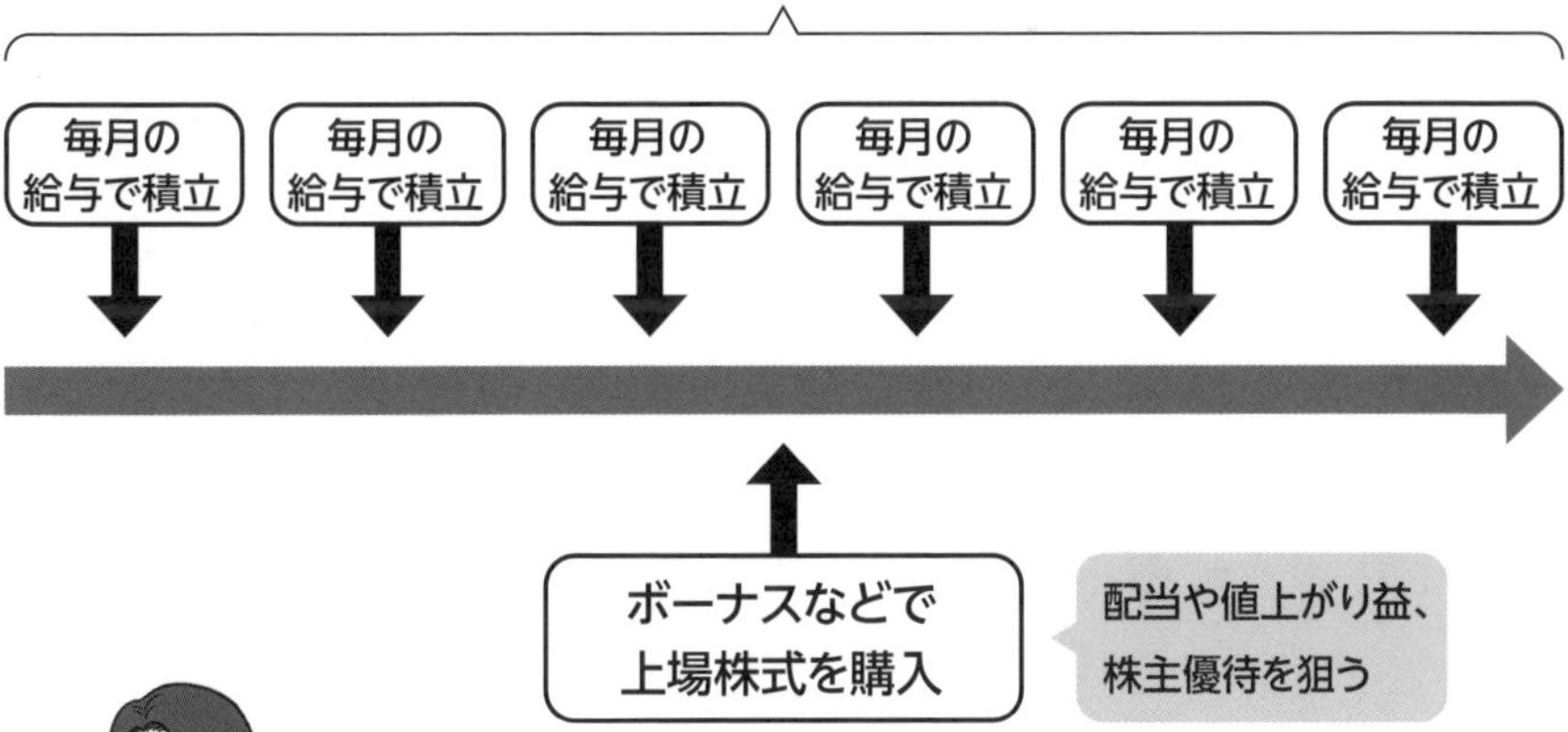

成長投資枠を使う

このように併用する方法もあります。

はみ出しメモ　投資信託のNISA成長投資枠の対象商品は、投資信託協会が公表している。

07

上場株式やETF、REITにも投資できる

さらに成長投資枠を活用！

資金に大きな余裕がある場合は成長投資枠を活用

成長投資枠の利用については、ある程度まとまった資金がある場合、好きなタイミングで好きな商品を購入していくという方法もあります。

成長投資枠では、つみたて投資枠の対象商品に限定することなく、上場株式、ETF、REITなどの商品を、年間240万円まで、累計で1，200万円まで自由に購入することができます。

たとえば、すでに2，000万円程度の余裕資金があるような場合、相続・贈与などでまとまった資金が入った場合、マイホームの売却などでまとまった資金が入った場合などです。

このように、何らかの理由である程度まとまった資金が入ってきた場合は、成長投資枠を積極的に利用していくのもよいでしょう。

ただし、あくまで自分のリスク許容度に合わせた投資を行うことが大事です。

また、分散投資によって、リスクを低減させることも大切です。

コア・サテライト戦略で資産全体を管理する

成長投資枠を使って投資する場合、上場株式などのリスクが高い資産も含めて、運用資産全体を管理する方法として、コア・サテライト戦略があります。

これは、運用資産をコア（中核）とサテライト（衛星）の2つに分けて考える運用手法のことです。

コア部分では、安定的な成長をはかり、サテライト部分では、比較的高いリターンを目指して運用を行います。

コア部分とサテライト部分をバランスよく保有することで、資産全体としてのリスクやコストを抑えつつ、より大きなリターンの確保を目指していきます。

まとまった資金がある場合

資産が目減りすることに抵抗がある場合は、リスクが高い商品に投資しないほうがよいでしょう。また、リスクの高い商品に投資する場合は、分散投資を忘れずに!

コア・サテライト戦略

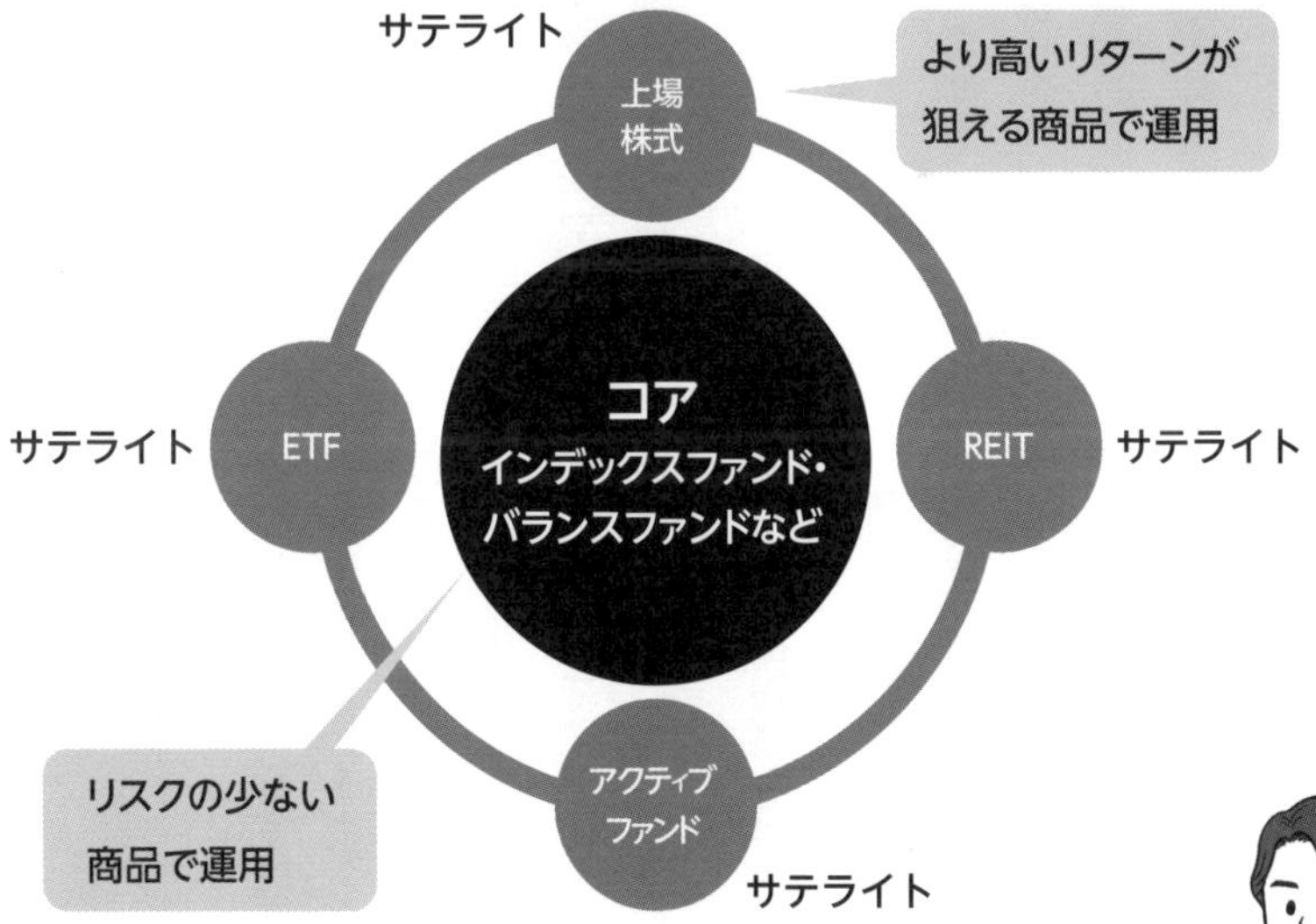

具体的には、コアは世界に分散されたインデックスファンドやバランスファンドなどで運用し、サテライトは上場株式やREIT、アクティブファンドなどで、より高いリターンを狙って投資するというイメージです。

はみ出しメモ コアとサテライトの比率は、その人のリスク許容度による。サテライト商品に投資しない場合は、コアが 100%になる。

08

新NISAの賢い活用法！

タイプ別NISA活用ガイド

ライフプランに合わせてNISAを活用しよう

NISAには年間投資枠という投資できる金額の上限があります。つみたて投資枠は年間120万円までなので、月あたり10万円が上限という計算になります。

だからといって、**年間投資枠を使い切る必要はありません**。毎月1万円ずつでも2万円ずつでも、**家計から無理なく積み立てられる金額を設定する**ようにしましょう。

状況に応じて金額の増減ができるので、お金に余裕があるときに多めに投資すればよいのです。

たとえば、子どもの教育にお金がかかる時期は少額にしておきます。そして、子どもにお金がかからなくなったり、住宅ローンが終わって資金に余裕ができたりしたときには多めにするなど、**ライフプランや家計の状況に合わせて柔軟に活用していくとよい**でしょう。

非課税枠は再利用できる

新NISAでは、資産を売却した場合、翌年に非課税枠の再利用が可能になったため、**複数のライフイベントの資金準備がしやすくなっています**。子どもの教育資金を準備して、大学入学時に資産の多くを売却したとしても、再び非課税枠が利用できるため、そこから今度は老後資金の準備をスタートさせることもできるのです。たとえば、資産の売却時に50歳であっても、そこから15年かけて、65歳までに老後資金の運用を非課税で行うことができます。

2つの投資枠を併用する

新NISAでは、つみたて投資枠と成長投資枠の併用ができます。基本的にはつみたて投資枠でインデックスファンドやバランスファンドを積み立てます。成長投資枠で高配当株式や安定成長株式、ETF、REITに投資するなど、両投資枠の併用も検討してみるとよいでしょう。

堅実的なタイプの活用方法

　リスク許容度が低めの堅実的なタイプの人は、値動きが少ない安定的な商品がおすすめです。値動きが少ない商品には債券がありますが、NISAでは直接債券に投資する商品は対象となっていません。

　そこで考えられるのが、バランスファンドです。つみたて投資枠で、**債券への投資比率が高いバランスファンドを購入する**というのが選択肢の1つです。

　また、成長投資枠では、債券に投資するタイプの投資信託を選ぶという方法もあります。もちろん、成長投資枠でも、つみたて投資枠と同じ商品を選んでもよいでしょう。

「堅実的なタイプのポートフォリオの例」

債券の比率が高い
バランスファンドで安定運用

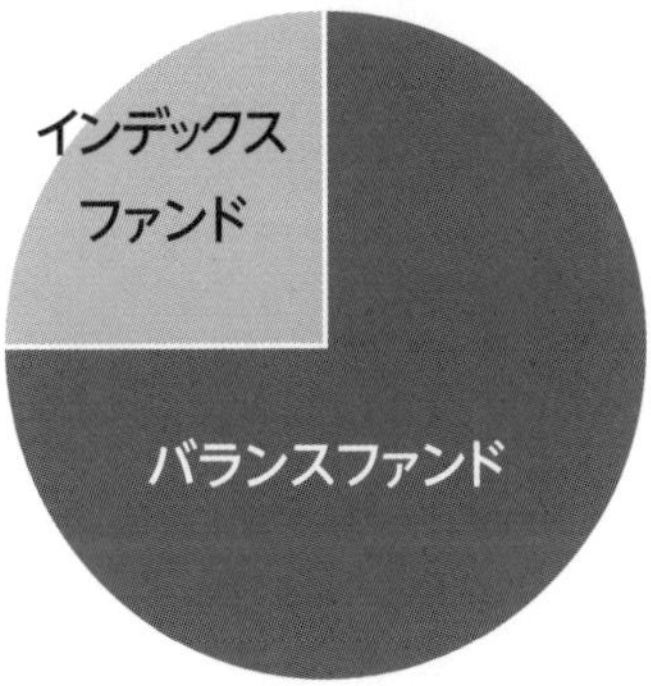

リスクは少し高くなるが、
インデックスファンドをあわせて購入

ポートフォリオとは、簡単にいえば資産の組み合わせのことです。分散投資が投資の基本ですが、どのように資産を組み合わせて運用していくのか、それがポートフォリオです。これまで見てきたように、金融商品にはさまざまな種類のものがあり、それぞれリスク・リターンに違いがあります。ポートフォリオを考える場合には、その人の運用目的やライフプラン、リスク許容度に合わせて考えることが大切です。なお、掲載しているポートフォリオは、例を示したもので、このポートフォリオを推奨するものではありません。

中間的なタイプの活用法

　多少のリスクを取りつつ、ある程度のリターンを得たい中間的なタイプは、つみたて投資枠では**インデックスファンド、またはあわせてバランスファンドを購入する**方法が考えられます。値動きのあるインデックスファンドでも、継続して積み立てていくことで購入単価が平均化されて、比較的安定した成果が期待できます。

　また、成長投資枠では、つみたて投資枠にはない国内外のREITなどで運用する投資信託を取り入れる方法などがあります。

　バランスファンドとインデックスファンドで**安定した運用を確保しつつ、ほかの商品も取り入れる**とよいでしょう。

中間的なタイプのポートフォリオの例

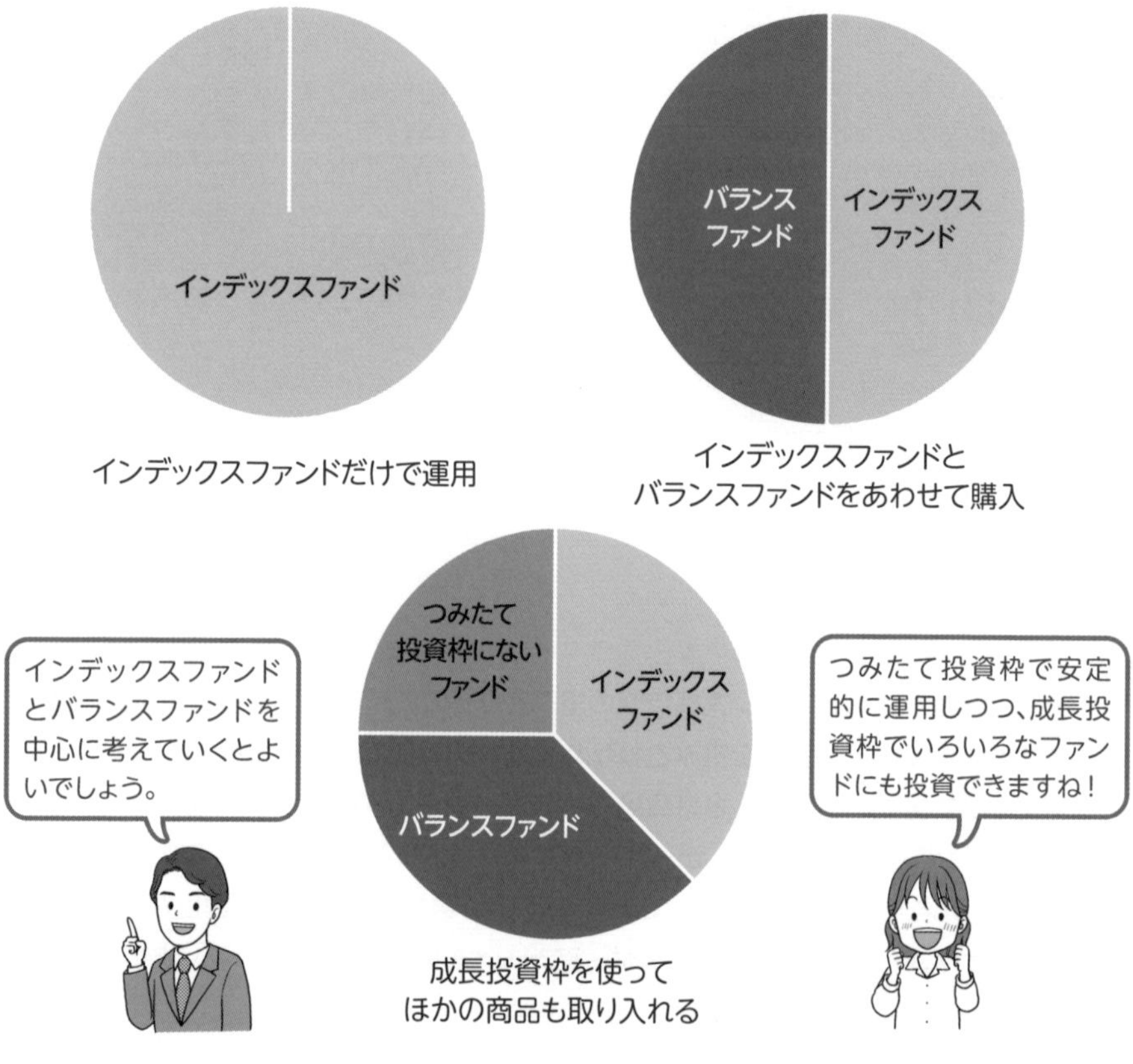

●積極的なタイプの活用法

　適切なリスクを取りながら積極的にリターンを狙う積極的なタイプも、つみたて投資枠ではコアとして**インデックスファンドやバランスファンドを買い付けて**いきます。そして、成長投資枠はサテライトとして、株式に投資してみる、ＥＴＦやＲＥＩＴなどを購入するなど、さまざまな活用法があります。

　コアとサテライトの比率は、その人のリスク許容度によります。性格的にも、資金的にも余裕があって、リスク許容度が高い場合には、サテライト部分の比率が高くなります。

　自分のリスク許容度をしっかり把握したうえで、コアとサテライトの比率や運用商品について検討していくとよいでしょう。

「積極的なタイプのポートフォリオの例」

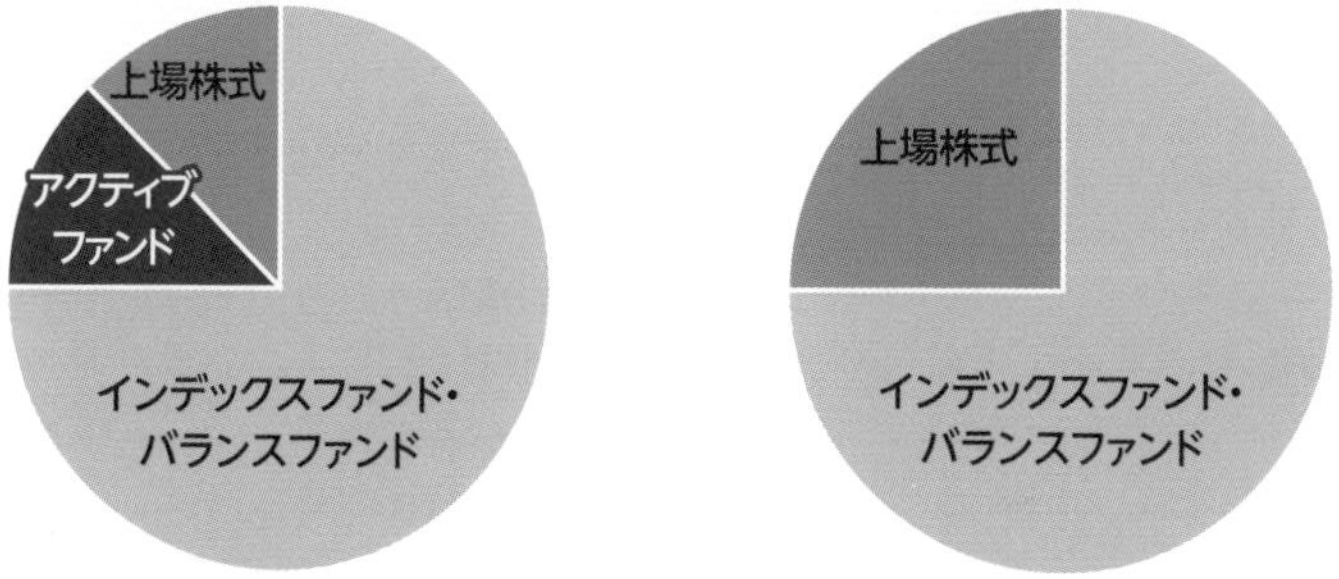

コアはインデックスファンドやバランスファンド。サテライトは上場株式など

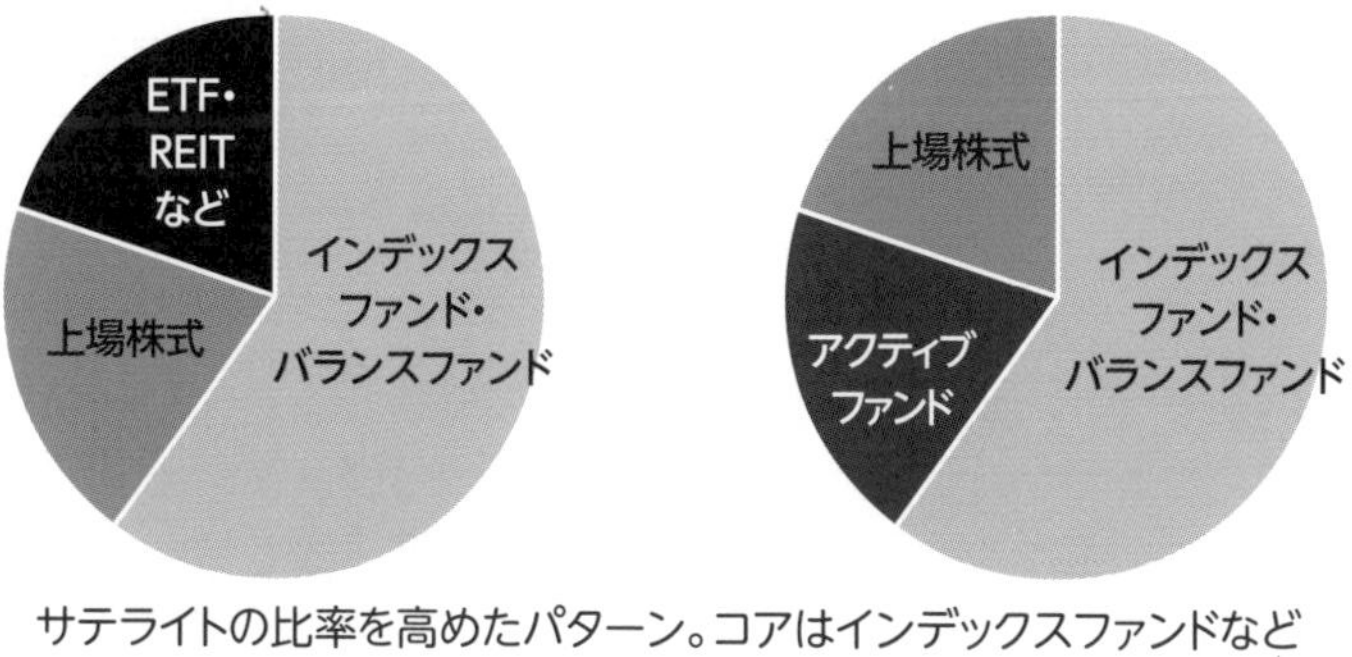

サテライトの比率を高めたパターン。コアはインデックスファンドなど

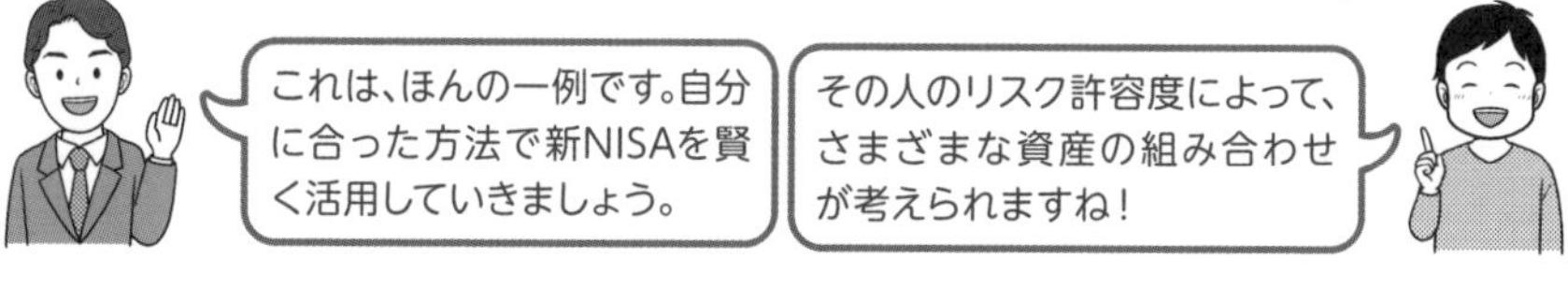

索　引

前田信弘（まえだ　のぶひろ）

1級ファイナンシャル・プランニング技能士。ＣＦＰ®。長年、大学や専門学校などで、ＦＰや資産運用などの教育に取り組むとともに、幅広く執筆・講演・コンサルティング業務を行う。
主な著書に『オールカラー超入門！ マンガでわかるＦＰ３級』（ナツメ社）、『ＦＰ技能士１級 学科 合格ポイント＆一問一答セレクト問題集』（日本能率協会マネジメントセンター）、『知識ゼロからのＮＩＳＡ＆ iDeCo』（幻冬舎）などがある。

装幀　石川直美（カメガイ デザイン オフィス）
装画　wooca/shutterstock.com
イラスト・漫画　のはらあこ
本文デザイン　中尾 剛（株式会社バズカットディレクション）
編集協力　有限会社ヴュー企画
編集　鈴木恵美（幻冬舎）

知識ゼロからの新NISA活用術

2023年12月15日　第1刷発行

著　者　前田信弘
発行人　見城 徹
編集人　福島広司
編集者　鈴木恵美

発行所　株式会社　幻冬舎
〒151-0051　東京都渋谷区千駄ヶ谷 4-9-7
電話　03-5411-6211（編集）　03-5411-6222（営業）
公式 HP：https://www.gentosha.co.jp/
印刷・製本所　近代美術株式会社

検印廃止

ISBN978-4-344-90360-9　C2033
この本に関するご意見・ご感想は、下記アンケートフォームからお寄せください。
https://www.gentosha.co.jp/e/